MIX
Papier aus verantwortungsvollen Quellen
Paper from responsible sources
FSC® C105338

Lucie Militzer

Hörer auf Sendung

Unterliegt die Hörerbeteiligung
im bayerischen Radio einer Strategie?

Diplomica Verlag GmbH

Militzer, Lucie: Hörer auf Sendung: Unterliegt die Hörerbeteiligung im bayerischen Radio einer Strategie? Hamburg, Diplomica Verlag GmbH 2013

Buch-ISBN: 978-3-8428-9649-9
PDF-eBook-ISBN: 978-3-8428-4649-4
Druck/Herstellung: Diplomica® Verlag GmbH, Hamburg, 2013

Bibliografische Information der Deutschen Nationalbibliothek:
Die Deutsche Nationalbibliothek verzeichnet diese Publikation in der Deutschen Nationalbibliografie; detaillierte bibliografische Daten sind im Internet über http://dnb.d-nb.de abrufbar.

Das Werk einschließlich aller seiner Teile ist urheberrechtlich geschützt. Jede Verwertung außerhalb der Grenzen des Urheberrechtsgesetzes ist ohne Zustimmung des Verlages unzulässig und strafbar. Dies gilt insbesondere für Vervielfältigungen, Übersetzungen, Mikroverfilmungen und die Einspeicherung und Bearbeitung in elektronischen Systemen.

Die Wiedergabe von Gebrauchsnamen, Handelsnamen, Warenbezeichnungen usw. in diesem Werk berechtigt auch ohne besondere Kennzeichnung nicht zu der Annahme, dass solche Namen im Sinne der Warenzeichen- und Markenschutz-Gesetzgebung als frei zu betrachten wären und daher von jedermann benutzt werden dürften.

Die Informationen in diesem Werk wurden mit Sorgfalt erarbeitet. Dennoch können Fehler nicht vollständig ausgeschlossen werden und die Diplomica Verlag GmbH, die Autoren oder Übersetzer übernehmen keine juristische Verantwortung oder irgendeine Haftung für evtl. verbliebene fehlerhafte Angaben und deren Folgen.

Alle Rechte vorbehalten

© Diplomica Verlag GmbH
Hermannstal 119k, 22119 Hamburg
http://www.diplomica-verlag.de, Hamburg 2013
Printed in Germany

Abstract

Als Bertolt Brecht im Jahr 1932 in seiner Radiotheorie schrieb, dass Hörer in Radioprogramme aktiv eingebunden werden sollen und Radio sich von einem „Distributionsapparat" in einen „Kommunikationsapparat" verwandeln muss, wurde auf Hörerstimmen im Programm kein Wert gelegt. Wie ist das heute? Wird Brechts Vision von Hörerbeteiligung heute erfüllt? Welche Motivation haben Programmverantwortliche überhaupt, Hörer einzubinden? Welche Ziele wollen sie mit Hörerbeteiligung in ihren Sendungen erreichen? Wie oft und auf welche Art und Weise werden Hörer am häufigsten beteiligt? Die vorliegende Untersuchung gibt darüber Aufschluss. Im Mittelpunkt der Analyse stehen die Programme der drei erfolgreichsten landesweiten Sender in Bayern (Antenne Bayern, Bayern 1 und Bayern 3) sowie zwei lokale Programme am Standort Bamberg (Radio Bamberg und Radio Galaxy Bamberg/Coburg).

Inhaltsverzeichnis

Abkürzungsverzeichnis V

Abbildungsverzeichnis VI

Tabellenverzeichnis VII

Anlagenverzeichnis VIII

1   Einführung 1

2   Theoretische Grundlagen 3

    2.1   Geschichte der Hörerbeteiligung 3

    2.2   Arten der Hörerbeteiligung 5

        2.2.1   Technische Unterscheidung 6

            2.2.1.1   Telefongespräche 6

            2.2.1.2   Straßenbefragungen 6

            2.2.1.3   Beteiligung via Internet und Post 7

        2.2.2   Thematische Unterscheidung 8

            2.2.2.1   (Gewinn-)Spiele und Quizsendungen 8

            2.2.2.2   Wunschsendungen und Grüße 8

            2.2.2.3   Meinungsäußerungen und Diskussionen ... 9

            2.2.2.4   Beratungen 10

            2.2.2.5   Hörer als Werbeträger 11

        2.2.3   Sonstige Beteiligungsformen 11

    2.3   Ziele der Hörerbeteiligung 12

    2.4   Themenauswahl für Hörerbeteiligung 16

    2.5   Risiken der Hörerbeteiligung 16

    2.6   Ausgewählte Beispiele von Hörerbeteiligungssendungen ... 18

        2.6.1   Hallo Ü-Wagen 18

        2.6.2   Domian 19

    2.7   Überblick über Forschungsergebnisse zur Hörerbeteiligung in bayerischen Programmen 20

        2.7.1   BLM-Studie 1989 21

        2.7.2   BLM-Studie 1990 21

    2.8   Forschungsfrage und Untersuchungsinhalt 23

3   Methoden der Analyse 24

    3.1   Analyse von fünf bayerischen Radiosendern im Raum Bamberg 24

        3.1.1   Antenne Bayern 24

	3.1.2		Bayern 1	25
	3.1.3		Bayern 3	26
	3.1.4		Radio Bamberg	26
	3.1.5		Radio Galaxy Bamberg/Coburg	27
3.2			Inhaltsanalyse der verschiedenen Radioprogramme	28
	3.2.1		Stichprobe	29
	3.2.2		Codierung	30
	3.2.3		Sonstige Analyseregeln	31
	3.2.4		Pretest	32
3.3			Qualitative Experteninterviews	33
	3.3.1		Vorgefertigter Gesprächsleitfaden	34
	3.3.2		Interview-Regeln	36

4 Auswertung und Erkenntnisse 37

4.1			Hörerbeteiligung bei Antenne Bayern	38
4.2			Hörerbeteiligung bei Bayern 1	40
	4.2.1		Ergebnisse der Inhaltsanalyse	41
	4.2.2		Ergebnisse des Experteninterviews	43
4.3			Hörerbeteiligung bei Bayern 3	45
	4.3.1		Ergebnisse der Inhaltsanalyse	45
	4.3.2		Ergebnisse des Experteninterviews	47
4.4			Hörerbeteiligung bei Radio Bamberg	50
	4.4.1		Ergebnisse der Inhaltsanalyse	50
	4.4.2		Ergebnisse des Experteninterviews	52
4.5			Hörerbeteiligung bei Radio Galaxy Bamberg/Coburg	54
	4.5.1		Ergebnisse der Inhaltsanalyse	55
	4.5.2		Ergebnisse der Experteninterviews	57
		4.5.2.1	Mantelprogramm	57
		4.5.2.2	Lokalstudio Bamberg	60

5 Ergebnis und Fazit 62

5.1	Hörerbeteiligung - Strategie oder Willkür?	64
5.2	Ausblick	65

Literaturverzeichnis VII

Anlagen XIII

Abkürzungsverzeichnis

AC	Adult Contemporary
BLM	Bayerische Landeszentrale für neue Medien
BLR	Dienstleistungsgesellschaft (Content-Zulieferer) für bayerische Lokal-Radioprogramme
CHR	Contemporary Hit Radio
FAB	Funkanalyse Bayern
MA	Media-Analyse
MHz	Megahertz, Einheit für Frequenz
O-Töne	Original-Töne, geschnittene Töne aus einem Interview
WDR	Westdeutscher Rundfunk

Abbildungsverzeichnis

Abbildung 1: Häufigkeit der Hörerbeteiligung im Tagesverlauf, Antenne Bayern 40
Abbildung 2: Verteilung der direkten und indirekten Hörerbeteiligung,
Antenne Bayern 40
Abbildung 3: Häufigkeitsverteilung der Beteiligungstechniken, Antenne Bayern 41
Abbildung 4: Häufigkeit der Hörerbeteiligung im Tagesverlauf, Bayern 1 42
Abbildung 5: Verteilung der direkten und indirekten Hörerbeteiligung, Bayern 1 43
Abbildung 6: Häufigkeitsverteilung der Beteiligungstechniken, Bayern 1 43
Abbildung 7: Häufigkeit der Hörerbeteiligung im Tagesverlauf, Bayern 3 47
Abbildung 8: Verteilung der direkten und indirekten Hörerbeteiligung, Bayern 3 47
Abbildung 9: Häufigkeitsverteilung der Beteiligungstechniken, Bayern 3 48
Abbildung 10: Häufigkeit der Hörerbeteiligung im Tagesverlauf, Radio Bamberg 52
Abbildung 11: Verteilung der direkten und indirekten Hörerbeteiligung,
Radio Bamberg 52
Abbildung 12: Häufigkeitsverteilung der Beteiligungstechniken, Radio Bamberg 53
Abbildung 13: Häufigkeit der Hörerbeteiligung im Tagesverlauf,
Radio Galaxy Bamberg/Coburg 56
Abbildung 14: Verteilung der direkten und indirekten Hörerbeteiligung,
Radio Galaxy Bamberg/Coburg 57
Abbildung 15: Häufigkeitsverteilung der Beteiligungstechniken,
Radio Galaxy Bamberg/Coburg 57
Abbildung 16: Ziele von Hörerbeteiligung, Häufigkeitsverteilung der genannten
Antworten 63

Tabellenverzeichnis

Tabelle 1: Hörerbeteiligung in bayerischen landesweiten Programmen 1989 22
Tabelle 2: Absolute und prozentuale Hörerbeteiligung in den analysierten bayerischen Programmen 38

Anlagenverzeichnis

Anlage 1: Codesheets zur Auswertung von Antenne Bayern XIII
Anlage 2: Codesheets zur Auswertung von Bayern 1 XIX
Anlage 3: Codesheets zur Auswertung von Bayern 3 XXV
Anlage 4: Codesheets zur Auswertung von Radio Bamberg XXXI
Anlage 5: Codesheets zur Auswertung von Radio Galaxy Bamberg/Coburg XXXVII
Anlage 6: Transkription des Interviews mit Bernd Diestel (stellvertretender Redaktionsleiter, Bayern 1) XLII
Anlage 7: Transkription des Interviews mit Ulli Wenger (Chef vom Dienst, Bayern 3) XLV
Anlage 8: Transkription des Interviews mit Marcus Appel (Leitender Redakteur, Radio Bamberg) XLIX
Anlage 9: Transkription des Interviews mit Detlef Kapfinger (On Air Director, Radio Galaxy Bayern) LI
Anlage 10: Schriftliches Interview mit Florian Wein (Moderator "U - die interaktive Nachmittagsshow", Radio Galaxy Bayern) LIV
Anlage 11: Transkription des Interviews mit Max Lotter (Programmleiter, Radio Galaxy Bamberg/Coburg) LVI

1 Einführung

„Der Köder muss dem Fisch schmecken, nicht dem Angler" – ein Sprichwort, das für den Angler und den Fisch ebenso gilt wie für Radiomacher und Hörer. Radio machen die Programmverantwortlichen nicht nur für Werbekunden – auch, wenn diese gerade bei Privatsendern ein großer finanzieller Stellenwert für die Sender sind – oder sich selbst, sondern eigentlich hauptsächlich für ihre (potentiellen) Hörer, ihre Zielgruppe. Das ist der Fisch, den man sich als Radiomacher angeln möchte und von dem der Erfolg des Radiosenders abhängt. Das Programm – der Köder – sollte bestmöglich auf die Wünsche der Zielgruppe abgestimmt sein und ihren Bedürfnissen entsprechen. Liegt es nicht eigentlich auf der Hand, die Hörer direkt am Programm zu beteiligen? In der Natur kann sich der Fisch dem Angler gegenüber nicht darüber äußern, welcher Köder ihm am besten schmeckt – die Hörer können sich dagegen schon bei den Programmverantwortlichen bemerkbar machen. Und wenn sie sich schon melden und ihre Wünsche anbringen können, warum sollten sie dann nicht gleich das Programm – oder zumindest einen Teil davon – mitbestimmen und sich daran beteiligen? Diese Vision hatte Bertolt BRECHT schon im Jahr 1932:

> *„Der Rundfunk ist aus einem Distributionsapparat in einen Kommunikationsapparat zu verwandeln. Der Rundfunk wäre der denkbar großartigste Kommunikationsapparat des öffentlichen Lebens, ein ungeheures Kanalsystem, das heißt, er wäre es, wenn er es verstünde, nicht nur auszusenden, sondern auch zu empfangen, also den Zuhörer nicht nur hören, sondern auch sprechen zu machen und ihn nicht zu isolieren, sondern ihn in Beziehung zu setzen."*[1]

Inwiefern trifft BRECHTs Vorstellung von damals – die Hörer „auf die Antenne" zu nehmen und als einen Bestandteil des Programms anzusehen – auf die Radio-Realität von heute zu? Welche Rolle spielt Hörerbeteiligung für die Radiomacher und ihre Programme? In welcher Form und welchem Ausmaß werden Hörer an Radioprogrammen beteiligt und warum entscheiden sich Programmverantwortliche dafür, Hörer einzubinden? Welche Ziele werden mit

---

[1] BRECHT, 1932, S.140/141

Hörerbeteiligung verfolgt? Diese Fragen werden im vorliegenden Buch für fünf bayerische Radiosender beantwortet. Dafür werden jeweils 24 Stunden der Programme als Stichprobe analysiert. Die Untersuchung erfolgt in einem ersten Schritt mit einer Inhaltsanalyse der Programme und in einem zweiten Schritt mit Interviews mit Programmverantwortlichen dieser Sender. Zuvor wird unter anderem auf die Geschichte der Hörerbeteiligung in Deutschland, auf die verschiedenen Arten der Hörerbeteiligung, ihren Sinn und ihre Risiken eingegangen. Außerdem werden zwei aufgrund ihrer Bekanntheit herausragende Beispiele für Hörerbeteiligungssendungen aufgeführt und bisherige Forschungsergebnisse zur Hörerbeteiligung in bayerischen Radioprogrammen dargestellt.

Der Fokus der vorliegenden Studie liegt auf der Sicht der Programmverantwortlichen. Es werden nicht die Sicht der Hörer zu Hörerbeteiligung oder die Motivation, die Hörer überhaupt haben, sich zu beteiligen, untersucht. Vielmehr steht der Stellenwert der Hörerbeteiligung für die Programmverantwortlichen im Mittelpunkt und ob, wenn Hörer im Programm beteiligt werden, diese Form von Wortbeiträgen zur Philosophie und Strategie des Senders gehört oder rein willkürlich, zufällig platziert wird.

2 Theoretische Grundlagen

In den folgenden Kapiteln wird sich dem Begriff Hörerbeteiligung theoretisch angenähert. Dabei wird auf die Rundfunkgeschichte ab 1945, besonders auf die Entwicklungen im West-Sektor Deutschlands, eingegangen, da sich die zu analysierenden Sender in Bayern und damit im ehemals von amerikanischen Siegermächten besetzten Gebiet befinden.

2.1 Geschichte der Hörerbeteiligung

Die Rollenverteilung von Sendeanstalt und Hörer waren zu Beginn des Rundfunks seit der ersten Sendestunde im Oktober 1923 laut TROESSER klar geregelt: die Hörer zahlten und wurden im Gegenzug von Sendungen unterhalten und gebildet. Die Hörer waren geradezu ohnmächtig gegenüber der Macht des Rundfunks und versuchten vergeblich Vorschläge, ihre Interessen bezüglich des Rundfunks zu berücksichtigen, durchzusetzen. TROESSER nennt das Beispiel des „Arbeiter Radio Clubs" von 1924, einer Vereinigung, die – ohne Erfolg – „einen eigenen Arbeitersender forderte, die Herabsetzung der Gebühren und Mitbestimmung bei den Programmen".[2]

> „Tatsächlich war der Rundfunk anfangs nicht mehr als die lediglich auf das Akustische reduzierte (Fern-)Vermittlung von Musikaufführungen, Rezitationen, Theatervorführungen und ähnlichen Ereignissen, die eben den Vorteil hatte, dass sie dem Zuhörer die Anwesenheit am Ort des Geschehens ersparte."[3]

Dennoch werden Hörer in den Hörfunk-Anfangsjahren, wenn auch selten, ins Programm eingebunden: so beschreibt ORIANS eine Aktion eines WERAG[4]-Sportreporters, der 13.000 Zuschriften erhielt, nachdem er seine Hörer dazu aufgefordert hat, ihre Meinungen zu einer Fußballübertragung zu äußern. Vom

---

[2] Vgl. TROESSER, 1986, S.9
[3] Vgl. SCHANZE, 2001, S.460
[4] Als WERAG wurde die „Westdeutsche Rundfunk AG" bezeichnet, die sich in Köln 1927 als Rundfunkgesellschaft gebildet hat. Vgl. WDR, Stand: 11.05.2012

gleichen Reporter ist laut ORIANS auch die erste Beteiligung von Hörern über Telefon bekannt.[5]

Mit der Machtübertragung an die Nationalsozialisten 1933 wurde Hörerbeteiligung in Radioprogrammen so gut wie unmöglich. Laut TROESSER wurden die Hörer zu „einer manipulierbaren Masse gemacht, jede Form aktiver oder kritischer Mitbeteiligung wurde undenkbarer als je zuvor"[6]. Wenn es doch Beteiligungsformen gab, dann dienten sie laut ORIANS „vor allem der Effektivitätskontrolle". Er führt beispielsweise eine Sendung mit dem Namen „Volk sendet für Volk" an, die trotz ihres Titels nicht demokratisieren, sondern die Wirkung des Hörfunks auf die Hörer ausspionieren sollte.[7]

Nach Ende des Zweiten Weltkrieges wurde der Hörfunk in Deutschland neu geordnet. Ab 1949 wurde auf die Wünsche der Hörer durch spezielle Zielgruppenprogramme eingegangen; HALEFELDT nennt hier z.B. Sendungen für Schüler, Landwirte oder Frauen zu unterschiedlichen Tageszeiten.[8] Erste Beteiligungsformate entwickelten sich; eine Vorreiterrolle hatten Wunschsendungen für Hörer, die es laut der ARD/ZDF-ARBEITSGRUPPE MARKETING seit 1949 gibt.[9] Auch Quizsendungen fanden zu dieser Zeit langsam ihren Weg in die Programme der Radiosender.[10] Allerdings wurde seitens der Programmmacher bezweifelt, ob die Beteiligung des Hörers Programme tatsächlich bereichert.[11]

Einen Aufschwung erlebten Beteiligungsformate Ende der 60er Jahre bzw. in den 70er Jahren. Im Zuge der Studentenproteste in Deutschland kam auch Bewegung in die Programme der Radiosender: Die Studenten lehnten sich gegen den öffentlich-rechtlichen Rundfunk auf, der aus ihrer Sicht ein „Herrschaftsinstrument mit manipulativem Charakter"[12] war. Die Hörer als Gebührenzahler sollten am Programm beteiligt werden.[13] Das wurde in den 70er Jahren

---

[5] Vgl. ORIANS, 1991, S.32
[6] TROESSER, 1986, S.10
[7] Vgl. ORIANS, 1991, S.34
[8] Vgl. HALEFELDT, 1999, S.214
[9] Vgl. ARD/ZDF-ARBEITSGRUPPE MARKETING, 1997, S.158
[10] Vgl. HALEFELDT, 1999, S.215
[11] Vgl. TROESSER, 1986, S.12
[12] Vgl. TROESSER, 1986, S.13
[13] Vgl. ORIANS, 1991, S.35

beispielsweise von Freien Radios verwirklicht, an deren Programm „sich jeder beteiligen kann".[14] Auch der öffentlich-rechtliche Rundfunk reagierte und führte vermehrt Sendungen mit Hörerbeteiligung, die über Wunsch- und Quizsendungen hinausging, ein.[15] Ein Beispiel ist *Hallo Ü-Wagen*, eine Sendung, die im Kapitel 2.6.1 ausführlich vorgestellt wird. Laut ORIANS haben sich die Möglichkeiten zur Hörerbeteiligung seit den 70er Jahren „permanent vermehrt".[16]

> *„Low-power Stationen zum Mitmachen für (fast) jedermann sind in unmittelbare Nähe gerückt und schlagartig werden neue Beteiligungsformen des bislang passiven Radiohörers möglich."*[17]

Mit der Einführung des dualen Rundfunksystems und der Lizenzierung privater Radiosender standen die Programmmacher unter einem neuen Konkurrenzdruck. Es bedurfte einer genauen Programmplanung, die auf Ergebnissen der Marktforschung aufgebaut wurde.[18] Anscheinend spielte dabei auch die Hörerbeteiligung eine Rolle, denn laut BUCHER/KLINGLER/SCHRÖTER wurden u.a. Programmstrukturanalysen im bayerischen Hörfunk durchgeführt, in denen auch auf Partizipationsmöglichkeiten eingegangen wurde.[19]

2.2 Arten der Hörerbeteiligung

In der vorliegenden Untersuchung wird als Hörerbeteiligung stets die direkte oder indirekte Beteiligung von „Externen" am Programm verstanden, sofern es sich dabei eindeutig um Hörer und nicht um Interviewpartner handelt, die die Position eines Experten einnehmen. Beteiligung ist in diesem Fall gleichzusetzen mit Interaktivität, d.h. dass Hörer nicht nur passiv zuhören, sondern selbst mitmachen können. Dabei lassen sich grundsätzlich die verschiedenen technischen Formen der Beteiligung und thematische Beteiligungsformen unterscheiden.

---

[14] Vgl. WINTER/ECKERT, 1990, S.68
[15] Vgl. TROESSER, 1986, S.13
[16] Vgl. ORIANS, 1991, S.35
[17] TROESSER, 1986, S.2
[18] Vgl. BUCHER/KLINGLER/SCHRÖTER, 1995, S.54
[19] Vgl. BUCHER/KLINGLER/SCHRÖTER, 1995, S.55

2.2.1 Technische Unterscheidung

2.2.1.1 Telefongespräche

Telefongespräche mit Hörern machen laut BÖHME-DÜRR/GRAF die Hörer „sehr authentisch erlebbar" und werden deshalb als eigenständige Form der Moderation angesehen.[20] Sie sind für den Sender kostengünstig, schnell zu realisieren und thematisch flexibel.[21] Gemäß ORIANS ist das Telefongespräch mit Hörern „die häufigste und hörfunkgemäßeste Form der Beteiligung"[22], die besonders in Magazinprogrammen von Service-Wellen „strukturell verankert" ist.[23] Werden Telefonate mit Hörern nach bestimmten Regeln durchgeführt, können sie laut LYNEN ebenso wertvoll sein wie informative Beiträge oder Nachrichten.[24]

2.2.1.2 Straßenbefragungen

Straßenbefragungen können prinzipiell mit Meinungsäußerungen (vgl. Kapitel 2.2.2.3) von Hörern in Sendungen verglichen werden. Hier äußern sich Hörer spontan und kurz „zu Themen, die beim Publikum allgemein auf Interesse stoßen dürften"[25]. Die Hörer werden dazu aber nicht per Telefon direkt ins Studio gestellt, sondern die O-Töne werden von Redakteuren außerhalb des Studios – auf der Straße – eingeholt. Laut HAAS/FRIGGE/ZIMMER ist diese technische Form der Hörerbeteiligung „bei kontroversen oder unterhaltenden Themen am ergiebigsten"[26], da beliebige Passanten befragt werden können. In der Redaktion werden die verschiedenen Antworten aneinandergeschnitten und ergeben ohne weitere Zwischenmoderationen einen gesamten O-Ton, den der

---

[20] Vgl. BÖHME-DÜRR/GRAF, 1995, S.116
[21] Vgl. VON LA ROCHE/BUCHHOLZ, 2004, S.254
[22] ORIANS, 1991, S.42
[23] Vgl. NEUMANN-BRAUN, 1993, S.26
[24] Vgl. LYNEN, 2010, S.114
[25] Vgl. KIESSLING, 1996, S.237
[26] HAAS/FRIGGE/ZIMMER, 1991, S.382

Moderator nach einer Anmoderation sendet. Dabei sollte er darauf hinweisen, dass diese Meinungen nicht repräsentativ sind.[27]

Straßenbefragungen sind besonders geeignet, um zu unterhalten und werden laut ARNOLD von den Programmmachern zur Auflockerung eingesetzt und um Atmosphäre zu transportieren; nicht aber um Information zu vermitteln.[28]

Häufig wird statt Straßenbefragung auch der Begriff Straßenumfrage verwendet. Davon distanziert sich ARNOLD, da diese Form der Hörerbeteiligung keine demoskopische Untersuchung darstellt, die in der Wissenschaft als „Umfrage" bezeichnet wird.[29]

2.2.1.3 Beteiligung via Internet und Post

Hörer können nicht nur direkt mit eigenen Aussagen und Gesprächen über Telefon oder Straßenbefragungen am Programm beteiligt werden, sondern auch indirekt. So wurde beispielsweise bei einer Inhaltsanalyse der BLM bei der Codierung zwischen direkter und indirekter Hörerbeteiligung unterschieden und die indirekte Beteiligung als „das Zitieren von Hörern, z.B. bei Musikwünschen oder Grüßen" definiert.[30] In den folgenden Kapiteln wird detailliert auf einige postalische Beteiligungsformen eingegangen; eine weitere, ähnliche Form stellt die Beteiligung über das Internet dar. Gemäß einer Studie von HRUBESCH sind gängige Formen der Online-Beteiligung z.B. E-Mail und Internet Relay Chat.[31] Die meisten Radiosender Deutschlands sind auch in dem sozialen Netzwerk Facebook vertreten und sammeln dort ihre Hörer als „Fans".[32] Kommentare und Reaktionen von Hörern auf der Facebook-Seite des jeweiligen Senders können in Form von indirekter Beteiligung über Moderationen ins Programm eingebunden werden.

---

[27] Vgl. HAAS/FRIGGE/ZIMMER, 1991, S.383
[28] Vgl. ARNOLD, 1991, S.240
[29] Vgl. ARNOLD, 1991, S.240
[30] Vgl. BLM-SCHRIFTENREIHE 9, 1990, S.48
[31] Vgl. HRUBESCH, Stand: 10.05.2012
[32] Facebook-Nutzerzahlen der Sender können über folgende Internetadresse abgerufen werden: http://www.traxy.de/188/radio_deutschland.html#facebook, Stand: 10.05.2012

2.2.2 Thematische Unterscheidung

2.2.2.1 (Gewinn-)Spiele und Quizsendungen

Interaktion gilt laut der ARD/ZDF-ARBEITSGRUPPE MARKETING als unterhaltend, gerade wenn es sich um Quizsendungen oder andere interaktive Mitspielmöglichkeiten für Hörer handelt. „Mitspielen" steht dabei nicht nur für Rate- oder Gewinnspiele. Die Palette reicht von Spielen und Glückwünschen bis hin zur Musikwahl durch das Publikum (vgl. Kapitel 2.2.2.2).[33] Diese Möglichkeiten zur Hörerbeteiligung werden laut ORIANS von fast ausnahmslos allen Radiosendern genutzt – auch wenn es sich lediglich um „mehr oder weniger einfallsreiche Ratespielchen" handelt.[34] Auch NEUMANN-BRAUN ordnet on-air-Quizaufgaben, bei denen der Hörer als Ratepartner fungiert, dem Unterhaltungssektor zu.[35] Populär wurden Gewinnspiele im Radio ab den späten 80er Jahren.[36]

2.2.2.2 Wunschsendungen und Grüße

KIESSLINGS Definition erweitert das Spektrum der Mitspielmöglichkeiten um Tauschaktionen und Grüße von Hörern, die an vorangegangene Wünsche gekoppelt sind.[37] Er führt beispielhaft die Sendung „Wunschkonzert" auf, in der das Vorgehen on-air recht simpel ist:

> „Ein Hörer oder eine Hörerin wünscht sich auf schriftlichem Weg (z.B. für ein Familienmitglied) ein Musikstück, der Moderator verliest in der Sendung diese Liedwidmung ggf. mit einer Grußbotschaft und spielt dann das gewünschte Lied. Als Variationsmöglichkeit werden [...] auch telefonische Hörergespräche in die Sendung eingefügt."[38]

---

[33] Vgl. ARD/ZDF-ARBEITSGRUPPE MARKETING, 1997, S.157/158
[34] Vgl. ORIANS, 1991, S.37
[35] Vgl. NEUMANN-BRAUN, 1993, S.159
[36] Vgl. BUCHER/KLINGLER/SCHRÖTER, 1995, S.60
[37] Vgl. KIESSLING, 1996, S.237
[38] NEUMANN-BRAUN, 1993, S.11

Diese Form der Hörerbeteiligung nennen auch BUCHER/KLINGLER/ SCHRÖTER, nach deren Ausführungen die Grüße anfänglich per Post kamen und vom Moderator in der Sendung verlesen wurden; im Laufe der Jahre meldeten sich die Hörer auch telefonisch.[39]

2.2.2.3 Meinungsäußerungen und Diskussionen

Neben ihrer Funktion als Gratulanten und Mitspieler nehmen die Hörer bei der Beteiligung am Programm in einigen Radiosendungen die Position der Fragenden oder Diskutierenden ein.[40] Sie „können aktuelle Themen diskutieren; miteinander, mit dem Moderator oder mit einem Studiogast".[41] Nicht selten ist dieser Studiogast ein Prominenter, Politiker oder Fachmann auf einem bestimmten Themengebiet. In der Funktion als Diskussionspartner befinden sich die Hörer in einem wesentlich „ernsteren Dialograhmen" und können auch über seriösere Themen sprechen als die Antwort auf eine bunte Quizfrage.[42]

Meinungsäußerungen der Hörer in einer Sendung haben keinesfalls den Anspruch auf Repräsentativität. Darauf weisen besonders HAAS/FRIGGE/ ZIMMER hin, die diese Art der Hörerbeteiligung als gute Möglichkeit sehen, um Trends aufzuzeigen und vielseitig zu sein.[43] Dass bei dieser Art, die Hörer kurzzeitig in eine bestehende Diskussionsrunde einzubinden, aber auch die Gefahr besteht, dass sich die Diskussion verschlechtert, gibt ARNOLD zu bedenken. Entweder kommt einer der beiden Parteien (Hörer oder Studiogast) zu kurz oder ein interessanter Verlauf der Diskussion wird durch die Einblendung der Hörer unterbrochen.[44] Diese Situation wird vereinfacht, wenn statt des Dreier-Gesprächs zwischen Studiogast, Hörer und Moderator ein Zweier-Gespräch ohne Studiogast geführt wird. Hier werden Hörer vom Moderator aufgefordert, sich zu einem bestimmten Thema zu äußern.[45] Dabei handelt es sich um Reaktionen und Meinungen der Hörer, die in diesem Fall nicht in einer

---

[39] Vgl. BUCHER/KLINGLER/SCHRÖTER, 1995, S.60
[40] Vgl. BUCHER/KLINGLER/SCHRÖTER, 1995, S.77
[41] VON LA ROCHE/BUCHHOLZ, 2004, S.254
[42] Vgl. NEUMANN-BRAUN, 1993, S.159
[43] Vgl. HAAS/FRIGGE/ZIMMER, 1991, S.382
[44] Vgl. ARNOLD, 1991, S.237
[45] Vgl. HAAS/FRIGGE/ZIMMER, 1991, S.382

ausführlichen Diskussion erörtert werden. Diese Form der Beteiligung wird auch als „Call-In" oder „Phone-In" bezeichnet.

Eine besondere Art der Hörerbeteiligung im Sinne von Diskussionen mit Hörern bietet die Form des Talkradios. Diese Programmform ist laut MEYER darauf ausgerichtet, eine „Kommunikationspipeline für jeden Hörer" zu sein und den Hörern eine Plattform zu bieten, um zu Wort zu kommen und „'denen da oben' mal seine Meinung" zu sagen.[46] Die Einbindung des Hörers via Telefon macht den Hauptbestandteil des Programms aus.[47] In der vorliegenden Arbeit spielt diese spezielle Programmform allerdings keine Rolle, da es sich bei Talkradio um ein eigenständiges Radioformat handelt und sich die vorliegende Analyse auf AC- bzw. CHR-Formate bezieht, deren Hauptbestandteil die Musik ist (vgl. Kapitel 3.1).[48] Eine Ausnahme bilden – sofern vorhanden – einzelne Sendungen der analysierten Sender im Talkradio-Format.

2.2.2.4 Beratungen

Programme mit Hörerbeteiligung können neben der Diskussion auch die Beratung von Hörern zum Ziel haben; die Umsetzung ist ähnlich. Die Hörer bekommen von den Moderatoren die Möglichkeit, sich von kompetenten Gesprächspartnern beraten zu lassen, „die sie andernfalls nicht erreichen können".[49] Diese Experten können Fachleute verschiedener Themenbereiche sein – zum Beispiel Ärzte, die die Hörer medizinisch beraten oder Investment-Berater, die on-air ihre Hilfe anbieten.[50] In manchen Fällen kommen diese Beratungssendungen einer „Telefonseelsorge im Radio"[51] gleich oder bedeuten einen „'Seelen-Striptease' am Telefonhörer"[52], denn es bedarf auf Seiten der Hörer großer Offenheit und Mutes, ihre Probleme in der Öffentlichkeit zu artikulieren.

---

[46] Vgl. MEYER, 2007, S.196
[47] Vgl. HAAS/FRIGGE/ZIMMER, 1991, S.198
[48] Vgl. VON LA ROCHE/BUCHHOLZ, 2004, S.271
[49] Vgl. ARNOLD, 1991, S.103
[50] Vgl. HAAS/FRIGGE/ZIMMER, 1991, S.381
[51] BRÜNJES/WENGER, 1998, S.155
[52] ORIANS, 1991, S.46

Eine der langjährigen Talkradio-Sendungen in Deutschland ist *Domian* beim nordrhein-westfälischen Sender 1Live. Diese Sendung wird ausführlich im Kapitel 2.6.2 vorgestellt.

2.2.2.5 Hörer als Werbeträger

Hörer können als so genannte Testimonials (Identifikationsfiguren eines Senders) ins Programm einbezogen werden. Diese Form der Beteiligung ist allerdings inszeniert und nicht aus redaktionellen Überlegungen heraus entstanden, sondern dient dazu, anderen Hörern zu vermitteln, dass Gleichgesinnte den Sender bereits für sich entdeckt haben. RACKWITZ sieht diese Form der Hörerbeteiligung als „Voraussetzung für eine enge Bindung zwischen Sender und Hörer".[53] Die beteiligten Hörer dienen in diesem Fall als Werbeträger des Senders in produzierten Elementen wie Jingles.[54]

Zu dieser Form der Hörerbeteiligung zählen auch Gespräche mit Hörern und Straßenbefragungen, die ausschließlich bzw. zum größten Teil Lob für den Sender beinhalten.

2.2.3 Sonstige Beteiligungsformen

Hörer haben darüber hinaus die Möglichkeit, sich mit Themenvorschlägen an die Sender zu wenden, die dann ggf. von den Redaktionen aufgegriffen werden. Ein Beispiel aus den 70er Jahren ist die Sendung *Hallo Ü-Wagen* (vgl. Kapitel 2.6.1), in der Hörer Themen vorgeschlagen und dann selbst diskutiert haben.[55] ARNOLD hält dieses Konzept für die effektivste Form der Hörerbeteiligung, „wenn sich das Medium der für ihn [den Hörer] wichtigen Themen annimmt"[56].

Einen noch höheren Beteiligungsgrad haben Beiträge, die direkt von Hörern produziert werden. Der Einsatz dieser Beiträge ist laut ORIANS allerdings meist

---

[53] Vgl. RACKWITZ, 2007, S.30
[54] Diese Form der Hörerbeteiligung ist der Autorin aufgrund ihrer Erfahrung in Radiosendern bekannt.
[55] Vgl. THOMAS, 1984, S.192
[56] ARNOLD, 1991, S.238

ein „Qualitätssprung"[57]. Für diese Form der Hörerbeteiligung zeichnen sich besonders „Bürgermedien" aus, die laut VON LA ROCHE/BUCHHOLZ zu den nicht-kommerziellen Radiosendern zählen, unter die auch „Uni-Radios und Lern-Radios" sowie offene Kanäle fallen.[58]

Damit Hörer nicht nur mit dem Sender, sondern auch untereinander kommunizieren können, wurden früher Radioclubs – heute Online-Communities – eingerichtet. Als Beispiel für einen Radioclub führen BRÜNJES/WENGER den „SDR 3-Club" auf, bei dem Hörer ähnlich wie in einem Kundenclub von Unternehmen organisiert wurden und ein Automodell zu einem vergünstigten Preis kaufen konnten.[59] Ein aktuelles Beispiel für Online-Communities von Radiosendern ist die „MDR JUMP Community", die einem sozialen Netzwerk entspricht. Die Hörer können sich online anmelden, untereinander in Kontakt treten und sich via Chat (oder Telefon und E-Mail) einmal pro Woche am Programm von MDR Jump beteiligen.[60]

2.3 Ziele der Hörerbeteiligung

> „Eigentlich gibt es keine vernünftigen Gründe dafür. Denn nach den herkömmlichen Kriterien von Rundfunk ist es so, daß Publikum meistens nicht besonders intelligent ist oder besonders kluge Sachen zu sagen hätte."[61]

Wie die Radiojournalistin Carmen Thomas in den Hörfunkgesprächen 1987 festgestellt hat, birgt Hörerbeteiligung für die Programmmacher Risiken (vgl. Kapitel 2.5): in Sendungen geschaltete Hörer können zum Beispiel medial unerfahren sein und sich dadurch blamieren oder gegenüber dem Moderator ausfallend und unfreundlich werden.[62] Warum sollten Programmacher diese Risiken auf sich nehmen? Was macht Hörerbeteiligung in ihren Augen interessant und notwendig?

---

[57] Vgl. ORIANS, 1991, S.41
[58] Vgl. VON LA ROCHE/BUCHHOLZ, 2004, S.395/396
[59] Vgl. BRÜNJES/WENGER, 1998, S.52/53
[60] Vgl. MDR JUMP, Stand: 10.05.2012
[61] Vgl. HORN/PAUKENS, 1988, S.70
[62] Vgl. ARNOLD, 1991, S.238/239

Sehr oft wird Hörerbeteiligung mit **Hörerbindung** gleichgesetzt. Für KIESSLING wird die Beteiligung durch eine persönliche Beziehung zum Hörer realisiert, die sich dann in Hörerbindung „ummünzen" lässt.[63]

> „Das Interesse der Sender liegt auf der Hand. Es geht ums Geschäft, um die Stärkung der Hörerbindung in kommerzieller Absicht."[64]

KIESSLING führt außerdem aus, dass Hörer durch Beteiligungsformate besonders in emotionaler Hinsicht an einen Sender gebunden werden, da die Beteiligung „auf der Ebene unbewußter Motivstrukturen und Triebregungen" beim Hörer ansetzt. Es sei laut KIESSLING eine „gesicherte Erkenntnis", dass Sender mit Hörerbeteiligung eine gefestigte Hörerbindung aufweisen.[65] Auch MEYER führt den Einsatz von Hörerbeteiligung auf das strategische Ziel der Programmmacher zurück, die Hörerbindung zu verstärken.[66] Denn wer an ein Programm gebunden ist, wechselt den Sender nicht so schnell, bleibt seinem Lieblingssender gegenüber loyal und verzeiht den Programmachern auch Fehler.[67] NEUMANN-BRAUN stützt sich auf die allgemeine Meinung von Programmverantwortlichen, wonach generell Hörergespräche und im Besonderen Live-Telefoninterviews mit Hörern die Hörerbindung stärken.[68] Und ORIANS zeigt, dass auch die Hörer selbst der Meinung sind, dass Sender ihr Publikum durch Beteiligung am Programm binden wollen. Sie verbinden mit Hörerbindung „die Stabilisierung der Einschaltquoten mit Blick auf die Werbeeinnahmen".[69]

Als weiterer Grund, warum Hörerbeteiligung in Radioprogrammen integriert werden sollte, wird häufig das Schaffen von **Publikumsnähe** genannt. BUCHER/KLINGLER/SCHRÖTER sehen die Beteiligung der Hörer unter anderem als „eine besondere Form der Pflege von Publikumsbeziehungen"[70]. Beziehen die Sender Hörer direkt ins Programm ein, nehmen sie laut KIESSLING einen Stellvertreter der gesamten Hörerschaft auf Sendung, „mit dem sich das

---

[63] KIESSLING, 1996, S.239
[64] KIESSLING, 1996, S.236
[65] Vgl. KIESSLING, 1997, S.334/335
[66] Vgl. MEYER, 2007, S.132
[67] Vgl. HAAS/FRIGGE/ZIMMER, 1991, S.91/92
[68] Vgl. NEUMANN-BRAUN, 1993, S.27
[69] Vgl. ORIANS, 1991, S.98
[70] BUCHER/KLINGLER/SCHRÖTER, 1995, S.131

Publikum identifizieren soll". Die Sender erzeugen dadurch die Illusion, dass sie für ihre Hörer da sind und sich ihrer Probleme annehmen.[71] Gleichzeitig bauen die Sender mit Hörerbeteiligung laut NEUMANN-BRAUN auf Nähe sowohl im thematischen als auch kommunikativen Bereich. Sie wollen durch den Anteil der Hörer im Programm zeigen, dass sie gewillt sind, Distanzen zu ihrer Hörerschaft abzubauen.[72] Ziel für die Programmmacher ist auch, darzustellen, dass ihr Sender keine Einbahnstraße ist – es gibt nicht nur den Weg vom Sender zum Hörer, sondern auch den umgekehrten.[73] Die Sender demonstrieren laut MEYER außerdem, dass sie sich in ihrem Sendegebiet auskennen.[74] Durch den hörbaren Kontakt zu den Hörern entsteht nach Meinung von BÖHME-DÜRR/GRAF eine gewisse Authentizität.[75] Sie wirkt sich positiv auf die **Glaubwürdigkeit** aus.

ORIANS stellt fest, dass in den Augen der Hörer die Aussagen von Gleichgesinnten – also anderen Hörern – besonders glaubwürdig sind.[76] NEUMANN-BRAUN führt das auf die Hörerbeteiligung im Sinne der „publizistischen Meinungsäußerung" zurück. Aus Sicht der Programmmacher stehe das für Transparenz und wirke sich positiv auf die Glaubwürdigkeit aus.[77]

Hörerbeteiligung heißt auch **Unterhaltung**. Interaktive Elemente in Hörfunksendungen bringen laut der ARD/ZDF-ARBEITSGRUPPE MARKETING immer Originalität, Unerwartetes und Spontanes.[78] BUCHER/KLINGLER/ SCHRÖTER ordnen vor allem Spiele und Wettbewerbe dem Unterhaltungsbereich im Hörfunk zu.[79] Das liegt laut MEYER an originellen Statements der Hörer.[80] ORIANS führt aus, dass sich die Hörer des Unterhaltungswerts ihrer

---

[71] Vgl. KIESSLING, 1996, S.239
[72] Vgl. NEUMANN-BRAUN, 1993, S.11
[73] Vgl. VON LA ROCHE/BUCHHOLZ, 2004, S.252
[74] Vgl. MEYER, 2007, S.133
[75] Vgl. BÖHME-DÜRR/GRAF, 1995, S.116
[76] Vgl. ORIANS, 1991, S.99
[77] Vgl. NEUMANN-BRAUN, 1993, S.27
[78] Vgl. ARD/ZDF-ARBEITSGRUPPE MARKETING, 1997, S.158
[79] Vgl. BUCHER/KLINGLER/SCHRÖTER, 1995, S.127
[80] Vgl. MEYER, 2007, S.133

Aussagen bewusst sind und die Funktion der Unterhaltung bei der Hörerbeteiligung als Hauptziel der Sender sehen.[81]

In früheren Jahren der Radiogeschichte (vgl. Kapitel 2.1) spielte auch der **demokratische Gedanke** der Hörerbeteiligung eine entscheidende Rolle: da der Hörfunk beispielsweise in Zeiten der nationalsozialistischen Diktatur als Herrschaftsinstrument missbraucht wurde, wollten die Programmverantwortlichen zeigen, dass Radio nicht manipuliert, sondern transparent ist und eine freie Meinungsäußerung – auch seitens der Hörer – ermöglicht. ORIANS beschreibt die Hörerbeteiligung in diesem Zusammenhang als „Synonym für Demokratie im Prozeß der Information und Meinungsäußerung".[82] Die von ihm befragten Hörer vermuten Demokratie und Meinungsvielfalt als Intention für Hörerbeteiligung seitens der Sender. Hörerbeteiligung sei ein Anzeichen dafür, dass es keine Zensur gebe.[83]

Weitere, vermutete, weniger oft genannte Ziele, die Programmmacher mit Hörerbeteiligung verfolgen, sind z.B. die **Varianz** bzw. Vielfältigkeit im Programm, die durch den Einsatz von Hörerbeteiligung entsteht. BRÜNJES/WENGER beschreiben in diesem Zusammenhang, wie über ein Thema, das ein Radiosender von verschiedenen Seiten beleuchtet, beispielsweise auch durch Elemente mit Hörerbeteiligung, variiert berichtet werden kann.[84] Darüber hinaus werden **Popularitätsgewinne**[85] und **Promotion** als Motivation seitens der Sender vermutet. MEYER gibt als Beispiel an, dass Hörer auf Sendung genommen werden, um Lob oder Fragen zum Programm zu äußern.[86] Einige Befragte aus ORIANS' Studie vermuten sogar **Arbeitsersparnis** für Redakteure hinter dem Einsatz von Hörerbeteiligung.[87]

---

[81] Vgl. ORIANS, 1991, S.99
[82] Vgl. ORIANS, 1991, S.38
[83] Vgl. ORIANS, 1991, S.100/101
[84] Vgl. BRÜNJES/WENGER, 1998, S.40
[85] Vgl. KIESSLING, 1996, S.235
[86] Vgl. MEYER, 2007, S.133
[87] Vgl. ORIANS, 1991, S.101/102

2.4 Themenauswahl für Hörerbeteiligung

Schon die Titel mancher Beteiligungsformate oder -formen lassen auf ihre Inhalte schließen: in Wunschsendungen äußern Hörer ihre Musikwünsche, in Rate- und Quizformaten beantworten Hörer eine Frage und bei Gewinnspielen freuen sich die Hörer on-air über einen Gewinn oder erzählen z.B. bei einem Geldgewinn, was sie mit dem Geld vorhaben. Über die Themen in Beteiligungsformaten, in denen Hörer als Gesprächspartner eingebunden werden, gibt es verschiedene Befunde. LYNEN rät, dass Moderatoren in diesem Fall mit Hörern über deren Hobbys oder Anekdoten aus deren Leben reden sollten.[88] NEUMANN-BRAUN hat die Erfahrung gemacht, dass besonders Themen aus dem Bereich „human-interest" platziert werden: er stellt fest, dass in Hörergesprächen in Wunschsendungen „tendenziell weder komplizierte noch ernste Themen dargeboten" werden und stattdessen auf die Gebiete Romantik/Liebe, Religion, Geld, Kinder, Gesundheit und Tiere zurückgegriffen wird.[89] Beratungssendungen wie *Domian* (vgl. Kapitel 2.6.2) beweisen aber, dass auch über ernsthafte Themen mit Hörern gesprochen werden kann. ORIANS verweist auf Sendungen mit Hörerbeteiligung, die intime und vertrauliche Themen wie Sexualität behandeln.[90] In einer Inhaltsanalyse der BLM (1990, vgl. Kapitel 2.7.2), wurden neben Musikwünschen und Gewinnspielen außerdem die Themenfelder Massenkultur, Wirtschaft und Handel, Konsum und Verbraucherfragen, Klatsch, menschliche Begebenheiten, Freizeit/Reisen, Gesundheit, Küche und Garten auf Sendeplätzen mit Hörerbeteiligung verzeichnet.[91]

2.5 Risiken der Hörerbeteiligung

Wenn ein Moderator eine Sendung moderiert, in der Hörer beteiligt werden, hat er es meist mit medial unerfahrenen Personen zu tun. Das ist ein Risikofaktor für die Programmverantwortlichen, denn das Verhalten der Hörer in einer für sie unbekannten Situation – sei es live auf Sendung oder bei einer Aufzeichnung außerhalb des Live-Betriebs – kann vorab nur schwer eingeschätzt werden;

---

[88] Vgl. LYNEN, 2010, S.111
[89] Vgl. NEUMANN-BRAUN, 1993, S.14
[90] Vgl. ORIANS, 1991, S.26
[91] Vgl. BLM-SCHRIFTENREIHE 9, 1990, S.48

ebenso wie deren Auswirkungen auf das Programm. Was, wenn ein Hörer plötzlich von einem netten Plauderton in ein aggressives Verhalten verfällt oder beleidigend wird? Laut KIESSLING wäre in diesem Fall das von den Programmverantwortlichen angestrebte homogene Programm gestört, da in diesem Fall die Gute-Laune-Stimmung der Sender vom Hörer sabotiert würde.[92] Aber auch in Gesprächen mit durchweg freundlichen Hörern liegen Gefahren für die Programmverantwortlichen. LYNEN beschreibt das Gespräch mit dem Hörer als „schwierigste Disziplin überhaupt":

„Denn hier – im 1:1-Gespräch mit einem echten Menschen wird plötzlich offenbar, wie authentisch man als Moderator tatsächlich ist. Viele Gespräche mit Hörern kommen nicht in Fahrt, haben peinliche Längen, klingen nach aufgeplusterter Befragung durch einen ‚Mikro-Besprecher', kommen statisch rüber und haben keine gescheite Dramaturgie."[93]

Die Programmverantwortlichen sind andererseits in der Verantwortung, den am Programm beteiligten Hörer nicht öffentlich bloßzustellen. Laut ARNOLD sind die Moderatoren und Redakteure Profis, die dafür sorgen müssen, dass die Hörer nicht zum „Gespött ihrer Umwelt" und der Lächerlichkeit preisgegeben werden.[94] ORIANS hebt hervor, wie wichtig die Kompetenz der Programmverantwortlichen bei der Beteiligung von Hörern ist: sie müssen „zwischen den gesetzten Grenzen manövrieren" damit die Hörer „nicht zum Manipulationsobjekt oder gar zum ‚Watschenmann' werden".[95] NEUMANN-BRAUN kritisiert in diesem Zusammenhang, dass Hörer „von den Moderatoren geradezu ‚abgefertigt' bzw. zu unterhaltenden Zwecken ‚vernutzt'" werden.[96]

Weitere Punkte, die beim Einsatz von Hörerbeteiligung beachtet werden müssen, sind z.B. inhaltliche Kriterien für die jeweiligen Sendeplätze. VON LA ROCHE/BUCHHOLZ verweisen auf die Gefahr, dass Fragen von Hörern zu speziell oder Meinungen zu abstrus sein können. Außerdem geben sie zu bedenken, dass dialektale Einfärbungen in der Aussprache der Hörer zwar von

---

[92] Vgl. KIESSLING, 1997, S.337
[93] LYNEN, 2010, S.110
[94] Vgl. ARNOLD, 1991, S.238
[95] Vgl. ORIANS, 1991, S.46
[96] Vgl. NEUMANN-BRAUN, 1993, S.12

Nutzen aber auch unverständlich sein können.[97] In Live-Sendungen oder auch außerhalb des Studios – beispielsweise in der Redaktion, wo Höreranrufe angenommen werden – gibt es laut ARNOLD Risiken, auf die sich Programmverantwortliche einstellen müssen. Beispielsweise ist es möglich, dass derselbe Hörer immer wieder anruft, um sich am Programm zu beteiligen.[98]

Die genannten Punkte sind Gründe dafür, dass sich Programmverantwortliche für Sendungen mit Hörerbeteiligung absichern und Hörergespräche vorab aufzeichnen, um sie zeitversetzt zu senden. Dabei wählen Redakteure nach einem Vorgespräch einen Hörer aus, der genau auf das gewünschte Hörer-Profil des Senders passt.[99] Eines der Hauptkriterien für die Auswahl ist, dass sich der Klang des Hörers in das Gesamtbild des Senders und die angepeilte Zielgruppe einfügt.[100]

> *„Ein Redakteur/Producer kann bei der Auswahl der Gesprächspartner großes Unheil anrichten. […] Denn Anrufer prägen das Image eines Senders mit."*[101]

2.6 Ausgewählte Beispiele von Hörerbeteiligungssendungen

Im Folgenden wird auf zwei Beteiligungsformate des WDR eingegangen, die große Bekanntheit erzielt haben – *Hallo Ü-Wagen* aufgrund seiner Vorreiterrolle als Beteiligungssendung in den 70er Jahren, *Domian* aufgrund der zusätzlichen Ausstrahlung im WDR-Fernsehen.

2.6.1 Hallo Ü-Wagen

Die WDR-Sendung *Hallo Ü-Wagen* wurde zwischen 1974 und 2010 regelmäßig ausgestrahlt; seit ihrer Absetzung werden von WDR 5 von Zeit zu Zeit Spezial-

---

[97] Vgl. VON LA ROCHE/BUCHHOLZ, 2004, S.252
[98] Vgl. ARNOLD, 1991, S.237/238
[99] Vgl. VON LA ROCHE/BUCHHOLZ, 2004, S.255
[100] Vgl. MEYER, 2007, S.133
[101] LYNEN, 2010, S.112

ausgaben zu aktuellen Themen gesendet. Es handelte sich bei *Hallo Ü-Wagen* ursprünglich um eine Mitmach-Sendung für Bürger auf der Straße, denn anders als bei Hörerbeteiligungen z.B. über Telefongespräche wurden die Hörer der Sendung live dazu eingeladen, direkt an den Übertragungswagen zu kommen und sich im direkten Gespräch vor Ort an der Live-Sendung zu beteiligen. Carmen THOMAS, langjährige Moderatorin von *Hallo Ü-Wagen*, beschreibt das Prinzip der Sendung so:

> *„Ein kleiner Ü-Wagen stand an einem eher beliebigen Ort, häufig innerhalb Kölns, an einer Drogerie, einem Schwimmbad, einem Platz. Ein Musikmoderator beschrieb schnitzeljagdartig den Standort und forderte die Hörerinnen auf, den Ü-Wagen zu suchen und ein Erkennungszeichen mitzubringen, z.B. eine Bratpfanne oder eine Spieluhr. Mit diesem Erkennungszeichen erwarben sich die Besucher-innen das Recht, ihren Opa oder ihre Tante zu grüßen und sich einen Musiktitel zu wünschen."*[102]

Im Laufe der Zeit wurden die Grüße weitestgehend aus der Sendung gestrichen und stattdessen von den Hörern vorgeschlagene Themen mit den Bürgern vor Ort diskutiert.[103]

2.6.2 Domian

Die Sendung *Domian* ist eine Talkradio-Sendung, die montags bis freitags zwischen 01:00 Uhr und 02:00 Uhr nachts beim WDR-Sender 1Live ausgestrahlt wird.[104] *Domian* ist aus der Vorgängersendung *Riff* entstanden, die zwischen 1991 und 1995 nachmittags an Werktagen ausgestrahlt wurde. Ursprünglich informierten laut KRAUSE Experten und Reporter über vorbereitete Themen; im Laufe der Zeit kamen immer häufiger Hörer zu Wort. Schließlich wurde aus dem willkürlichen Einsatz von Hörerbeteiligung bei *Riff* eine Strategie: ab 1993 wurde die Freitagsausgabe der Sendung nicht mehr thematisch von der Redaktion vorbereitet, sondern Moderator Jürgen Domian kam wäh-

---

[102] THOMAS, 1984, S.27
[103] Vgl. THOMAS, 1984, S.71
[104] Vgl. 1LIVE, Stand: 06.05.2012

rend der gesamten Sendung ausschließlich mit Hörern ins Gespräch.[105] Seit 1995 wird die Sendung auch im WDR-Fernsehen übertragen.[106]

Einmal pro Woche ist ein spezifisches Thema vorgegeben, über das Jürgen Domian mit seinen Hörern spricht. Die Themenbereiche reichen von „Glücklich sein" (26.01.2012), „Waffen" (15.12.2011) und „Ich schäme mich für meinen Partner" (08.12.2011) über „Meine große Sehnsucht" (06.10.2011), „Das habe ich für Geld getan" (16.06.2011) und „Mein Hobby wurde mir zum Verhängnis" (26.05.2011) bis hin zu „Beste Freunde" (19.05.2011), „Mein Leben ist in Gefahr" (12.05.2011) und „Schmarotzer" (07.04.2011).[107] „Ich frage die Leute alles. Und die Leute können mich alles fragen"[108] wird Jürgen Domian von 1LIVE zitiert.

Den Erfolg der Sendung bei den Hörern hat laut KRAUSE eine Abteilung des WDR im Jahr 1996 erforscht. Ihr zufolge war die Sendung *Domian* damals einem Fünftel der 1000 Befragten in Nordrhein-Westfalen bekannt.[109]

2002 wurde Jürgen Domian für seine Sendung mit dem Bundesverdienstkreuz geehrt[110], das ihm im Januar 2003 überreicht wurde.[111]

2.7 Überblick über Forschungsergebnisse zur Hörerbeteiligung in bayerischen Programmen

Es gibt nur sehr wenige Studien zur Hörerbeteiligung in Radioprogrammen. Eine davon ist die bereits mehrfach zitierte Studie von ORIANS, die sich mit der Meinung der Hörer über Beteiligungsformate beschäftigt. Zwei weitere Studien – speziell für die landesweiten Radiosender in Bayern bzw. die privaten Lokalsender – veröffentlichte die BLM; allerdings sind ihre Ergebnisse, ebenso wie

---

[105] Vgl. KRAUSE, 2006, S.56
[106] Vgl. KRAUSE, 2006, S.57
[107] Die gesendeten Themen wurden über das verifizierte Twitter-Profil von *Domian* (https://twitter.com/#!/domian, Stand: 06.05.2012) recherchiert.
[108] 1LIVE, Stand: 06.05.2012
[109] Vgl. KRAUSE, 2006, S.75
[110] Vgl. DWDL, Stand: 06.05.2012
[111] Vgl. KÖLNER NEWSJOURNAL, Stand: 06.05.2012

die der Studie von ORIANS, mittlerweile über 20 Jahre alt. Aktuellere, repräsentative Untersuchungen über die Hörerbeteiligung in bayerischen Sendern liegen nicht vor.

2.7.1 BLM-Studie 1989

1989 hat die BLM die im Vorjahr erstmals durchgeführte Image- und Akzeptanzanalyse des Hörfunks in Bayern fortgeführt. Dafür wurden 1.710 Personen in Bayern unter anderem nach der Bedeutung einzelner Programmformen in privaten Lokalfunkprogrammen befragt.

Bei der Auswertung wurde deutlich, dass Sendungen mit Hörerbeteiligung von den Befragten als „eher negativ" eingeschätzt wurden; noch ein wenig schlechter wurden Quizsendungen und Gewinnspiele bewertet.[112] Laut der Studie vermisste ein Großteil der Hörer „die Form der Hörerbeteiligung, die es ihm ermöglicht, für die Fragen eine Antwort zu erhalten, die seinen persönlichen Lebenskreis bestimmen"[113]. So wurde die Beteiligung an Diskussionen mit Experten oder Hörern als wichtig angesehen wie auch Wunsch- und Grußsendungen; Gewinn- und Ratespiele sowie Quizsendungen bewerteten die Befragten dagegen als unwichtig.[114]

2.7.2 BLM-Studie 1990

In der 1990 von der BLM veröffentlichten Studie zum Thema wurden die drei landesweiten bayerischen Sender Antenne Bayern, Bayern 1 und Bayern 3 analysiert. Zugrunde gelegt wurde das Programm dieser Sender im Zeitraum vom 02.10.1989 bis 08.10.1989.[115]

Es wurde festgestellt, dass Hörerbeteiligung eine „wichtige Rolle bei der Gestaltung des Programms" spielt. Die Inhaltsanalyse der drei Programme wies Antenne Bayern als denjenigen der analysierten Sender aus, der innerhalb der

---

[112] Vgl. BLM-SCHRIFTENREIHE 7A, 1989, S.65
[113] Vgl. BLM-SCHRIFTENREIHE 7A, 1989, S.69
[114] Vgl. BLM-SCHRIFTENREIHE 7A, 1989, S.146
[115] Vgl. BLM-SCHRIFTENREIHE 9, 1990, S.5

analysierten Woche den größten Anteil von Beiträgen mit Hörerbeteiligung hat. Bayern 1 und Bayern 3 beinhalteten deutlich weniger Beteiligungselemente, wobei Bayern 1 noch mehr Beteiligungsmöglichkeiten für Hörer bot als Bayern 3 (vgl. Tabelle 1).[116]

Sender	Hörerbeteiligung (absolut)	Hörerbeteiligung (prozentual)
Antenne Bayern	54	7%
Bayern 1	51	4%
Bayern 3	11	1%

Tabelle 1: Hörerbeteiligung in bayerischen landesweiten Programmen 1989

Thematisch lagen in dieser BLM-Studie Musikwünsche von Hörern bei allen drei Sendern vorn: 35 Mal kam Hörerbeteiligung im Zusammenhang mit Moderationen zur Musik bei Antenne Bayern vor, 19 Mal wurde diese Kategorie bei Bayern 1 verzeichnet und im Programm von Bayern 3 lag die Anzahl bei 4.[117]

In der auf die Häufigkeitsverteilung von Hörerbeteiligung folgenden Image- und Akzeptanzanalyse wurde festgestellt, dass die Hörer „Möglichkeiten, sich am Programm beteiligen zu können" als eher unwichtig einschätzen; ähnlich wurde die Kategorie „Spiele und Quizsendungen" bewertet.[118] „Musikwunschsendungen" konnten sich hingegen bei den befragten Hörern als wichtiger durchsetzen.[119]

Bei der Umsetzung von Hörerbeteiligung in den Sendungen hatten die analysierten Sender aus Sicht der befragten Hörer offenbar Nachholbedarf: sowohl „Spiele und Quizsendungen" als auch „Hörereinbeziehung" wurden lediglich mit einem „befriedigend" bewertet und gehörten damit zu den von den Hörern am schlechtesten bewerteten Kategorien.[120]

---

[116] Vgl. BLM-SCHRIFTENREIHE 9, 1990, S.46
[117] Vgl. BLM-SCHRIFTENREIHE 9, 1990, S.48
[118] Vgl. BLM-SCHRIFTENREIHE 9, 1990, S.100
[119] Vgl. BLM-SCHRIFTENREIHE 9, 1990, S.102
[120] Vgl. BLM-SCHRIFTENREIHE 9, 1990, S.120

2.8 Forschungsfrage und Untersuchungsinhalt

Zusammenfassend lässt sich sagen, dass Hörerbeteiligung in den Augen vieler Programmverantwortlicher unter anderem Hörer an einen Sender bindet und für die Authentizität des Programms förderlich ist; allerdings sind mit ihr auch Risiken verbunden, die z.B. der medialen Unerfahrenheit der sich beteiligenden Hörer geschuldet sind. Inwiefern sind Programmverantwortliche bereit, diese Risiken einzugehen, um Hörer aktiv an ihrem Programm zu beteiligen? Gibt es für Programmverantwortliche überhaupt einen Anlass – und wenn ja welchen – Hörer in Sendungen einzubinden? Und auf welche Art und Weise erfolgt die Beteiligung am häufigsten? Die vorliegende Untersuchung wird auf diese Fragen eingehen. Analysiert werden – wie im Kapitel 3.1 ausführlich erläutert wird – die drei erfolgreichsten, landesweiten Sender Bayerns und zwei Lokalsender, die am Standort Bamberg empfangbar sind.

Im Mittelpunkt der Studie steht die Frage: Welche Ziele verfolgen bayerische Radiosender mit dem Einsatz von Hörerbeteiligung in ihren Programmen (am Beispiel der drei meistgehörten, landesweiten Programme Antenne Bayern, Bayern 1 und Bayern 3 sowie der zwei in der Stadt Bamberg empfangbaren Lokalsender Radio Bamberg und Radio Galaxy Bamberg/Coburg)?

Zur Klärung der Forschungsfrage dienen insbesondere Experteninterviews mit leitenden Programmverantwortlichen der analysierten Sender. Eine quantitative Inhaltsanalyse wird durchgeführt, um zu erkennen, ob Hörerbeteiligung in den analysierten Programmen regelmäßig eingesetzt wird und dabei eine Systematik erkennbar ist. Durch die gewonnenen Daten kann außerdem ein Vergleich zu den Inhaltsanalysen der BLM 1989/1990 (vgl. Kapitel 2.7) gezogen und herausgefunden werden, ob die Trends von Hörerbeteiligung in den landesweiten bayerischen Programmen von damals heute noch aktuell sind oder sich gewandelt haben.

3 Methoden der Analyse

Zur Beantwortung der in Kapitel 2.8 aufgeworfenen Fragen wird zum einen eine Inhaltsanalyse der Programme der fünf reichweitenstärksten Sender am Standort Bamberg durchgeführt. Ausschlaggebend für die Auswahl der Sender ist ein Marktanteil im jeweiligen Verbreitungsgebiet von mindestens 10%. Der Standort Bamberg dient exemplarisch als einer von vielen Standorten in Bayern, an dem sowohl landesweite Hörfunkprogramme als auch lokale Sender empfangen werden können.

Zum anderen werden leitende Programmverantwortliche dieser Sender in qualitativen Experteninterviews zu ihrer Motivation beim Einsatz von Hörerbeteiligung befragt.

3.1 Analyse von fünf bayerischen Radiosendern im Raum Bamberg

Die analysierten Sender sind Antenne Bayern, Bayern 1 und Bayern 3 mit bayernweiten Marktanteilen von 22,2%, 29,9% und 15,3%[121] sowie Radio Bamberg und Radio Galaxy Bamberg, die innerhalb ihres Sendegebiets Marktanteile von 20% und 10,1% aufweisen[122].

3.1.1 Antenne Bayern

Der Sendebetrieb bei Antenne Bayern wurde am 05. September 1988 aufgenommen. Seitdem sendet Antenne Bayern ein AC-Programm für eine Zielgruppe im Alter zwischen 14 und 49 Jahren.[123] Antenne Bayern hat wochentags eine durchschnittliche Reichweite von 1.105.000 Hörerkontakten in der werberelevanten Zeit.[124]

---

[121] Vgl. FAB 2011 ONLINE, Stand: 17.05.2012
[122] Vgl. FAB 2011, S.39 und 43
[123] Vgl. BLM SENDERPROFIL ANTENNE, Stand: 16.05.2012
[124] Vgl. MA 2012 RADIO I, Stand: 14.05.2012

Ursprünglich sollte Antenne Bayern unter dem Namen „Radio Bayern" senden, wogegen der Bayerische Rundfunk aufgrund möglicher Verwechslungsgefahr mit seinen Hörfunkprogrammen erfolgreich gerichtlich vorging. Das Programm von Antenne Bayern wurde in der Bevölkerung Bayerns schnell bekannt und beliebt, da es sich mit Informationen, Comedy-Serien, markanten Moderatoren und einem Pop-Rock-Musikprogramm deutlich von den Programmen des Bayerischen Rundfunks absetzte. 1992 übernahm der Sender erstmals die Marktführerschaft in Bayern.[125]

3.1.2 Bayern 1

Der Bayerische Rundfunk in seiner heutigen Form besteht seit dem 25. Januar 1949. Zuvor gab es seit 1922 mit der „Deutschen Stunde in Bayern"[126], seit 1931 mit der „Bayerischen Rundfunk GmbH", seit 1934 mit dem „Reichssender München" und in den Jahren zwischen 1945 und 1949 mit „Radio Munich" Hörfunk in Bayern[127]. 1949 wurde der Grundstein für den heutigen Bayerischen Rundfunk gelegt, als der damalige Intendant, Rudolf von Scholtz, die Lizenz vom Direktor der Militärregierung in Bayern, Murray D. van Wagoner, übergeben bekam.[128] Den Namen Bayern 1 trägt das erste Programm des Bayerischen Rundfunks seit dem 01. Januar 1974. Hintergrund für die Namensgebung war eine Radioreform des Bayerischen Rundfunks, die für Bayern 1 vorrangig die Themenbereiche „Aktuelles, Lebenshilfe, populäre Musik, Unterhaltung und Bayerisches" vorgab.[129]

Bayern 1 ist laut den Angaben seines Vermarktungsunternehmens ARD-Werbung Sales & Services GmbH das reichweitenstärkste Programm Deutschlands und zeichnet sich durch ein Oldie-Musikprogramm mit aktuellen Informa-

---

[125] Vgl. RADIO JOURNAL, Stand: 17.05.2012
[126] Vgl. BR-CHRONIK 1922-1932, Stand: 14.05.2012
[127] Vgl. BR-CHRONIK 1933-1944, Stand: 14.05.2012
[128] Vgl. BR-CHRONIK 1945-1952, Stand: 14.05.2012
[129] Vgl. BR-CHRONIK 1970-1983, Stand: 14.05.2012

tionen, Service und regionalen Beiträgen aus.[130] Pro Stunde kommt Bayern 1 im Durchschnitt auf eine Bruttokontaktsumme von 1.143.000.[131]

3.1.3 Bayern 3

Bayern 3 ist das dritte Hörfunkprogramm und die Servicewelle des Bayerischen Rundfunks. Laut der MA 2012 Radio I hat Bayern 3 durchschnittlich 804.000 Hörer-Bruttokontakte pro Stunde[132].

Gestartet ist das Programm von Bayern 3 am 01. April 1971 als erste Servicewelle Deutschlands – die „Servicewelle von Radio München" – mit den Schwerpunkten Verkehrshinweise, Nachrichten und Popmusik. Bayern 3 übernahm eine Vorreiterrolle für alle Servicewellen in anderen Bundesländern.[133] Bis Mitte der 80er Jahre gab es keine Moderatoren im heutigen Sinn, sondern lediglich „Service-Sprecher", die stündlich Nachrichten und Service-Meldungen verlasen. Im Laufe der Zeit änderte sich die Programmstruktur häufig: nach der Zeit als „Autofahrerwelle" zu Sendebeginn wurden in den 80er Jahren Informationen mit Musikformaten gemischt, bis 1992 schließlich das AC-Format eingeführt wurde.[134]

3.1.4 Radio Bamberg

Grundlage für die Entstehung von Radio Bamberg – sowie aller bayerischen Lokalsender – war das Bayerische Medienerprobungsgesetz, das 1985 in Kraft trat und die Entwicklung und Einführung von neuen Rundfunkangeboten ermöglichte.[135] Sendebeginn für Lokalradio in Bamberg war knapp zwei Jahre später am 10. Oktober 1987.[136] Zu Beginn teilten sich zwei Sender in Bamberg die Frequenz 88,5 MHz: vormittags sendete "Radio Regnitzwelle", nachmittags übernahm "Fun Boy Radio". Dieses Frequenzsplitting wurde aus wirtschaft-

---

[130] Vgl. ASS BR 1, Stand: 14.05.2012
[131] Vgl. MA 2012 RADIO I, Stand: 14.05.2012
[132] Vgl. MA 2012 RADIO I, Stand: 14.05.2012
[133] Vgl. BR-CHRONIK 1970-1983, Stand: 14.05.2012
[134] Vgl. B3-HISTORY, Stand: 17.05.2012
[135] Vgl. ARD-CHRONIK, Stand: 15.05.2012
[136] Vgl. BLM SENDERPROFIL BAMBERG, Stand: 15.05.2012

lichen Gründen 1991 beendet, als beide Sender unter dem Namen "Radio Antenne Franken" fusionierten. Seit dem 10. Oktober 1996 –genau elf Jahre nach Sendebeginn – bekam der Sender seinen heutigen Namen Radio Bamberg.[137]

Radio Bamberg sendet ein regionales AC-Programm für die Landkreise und Städte Bamberg und Forchheim sowie angrenzende Landkreise. Die Zielgruppe ist die Altersgruppe von 29 bis 59 Jahre.[138] Montags bis freitags übernimmt Radio Bamberg in der Zeit zwischen 19:00 Uhr und 06:00 Uhr sowie auch zeitweise am Wochenende das bayernweite Mantelprogramm der BLR.

Laut der Funkanalyse Bayern 2011 hat Radio Bamberg einen durchschnittlichen Bruttokontaktwert von 19.000 pro Stunde; das entspricht einem täglichen Marktanteil von 20%.[139]

3.1.5 Radio Galaxy Bamberg/Coburg

Radio Galaxy ist ein Young-CHR-Programm für Jugendliche im Alter bis 25 Jahre, das seit dem 15. Januar 2000 auf Sendung ist.[140] Es startete zunächst als digitales Programm, bis UKW-Frequenzen in vielen Teilen Bayerns hinzu kamen. In Bamberg ist Radio Galaxy seit dem 11. September 2001 auf Sendung.[141] Der Standort Bamberg ist einer von mittlerweile 13 regionalen Standorten – sogenannten „Galaxy-Cities". Neben Bamberg befinden sich Stationen in Amberg, Ansbach, Aschaffenburg, Bayreuth, Coburg, Hof, Ingolstadt, Kempten, Landshut, Passau, Rosenheim und Weiden.[142] Alle Stationen greifen auf das gemeinsame Mantelprogramm von Radio Galaxy aus Regensburg zurück, das täglich 20 Stunden lang übertragen wird. Am Nachmittag zwischen 15:00 Uhr und 19:00 Uhr wird das gemeinsame Programm gesplittet, sodass jeder regionale Sender seine eigene Nachmittagssendung – „Galaxy P.M." – gestalten kann. Unter den „Galaxy-Cities" gibt es dreimal zwei Standorte, die eine

---

[137] Vgl. RADIO BAMBERG, Stand: 15.05.2012
[138] Vgl. BLM SENDERPROFIL BAMBERG, Stand: 15.05.2012
[139] Vgl. FAB 2011, S.39
[140] Vgl. BLM SENDERPROFIL GALAXY BAYERN, Stand: 16.05.2012
[141] Vgl. BLM SENDERPROFIL GALAXY BAMBERG, Stand: 15.05.2012
[142] Vgl. RADIO GALAXY, Stand: 16.05.2012

gemeinsame Nachmittagssendung produzieren. Derartige Kooperationen bestehen sowohl zwischen den Stationen in Amberg und Weiden als auch zwischen Bamberg und Coburg sowie zwischen Bayreuth und Hof.[143]

Laut der Funkanalyse Bayern 2011 beträgt die Reichweite von Radio Galaxy Bamberg durchschnittlich 4.000 Hörer-Bruttokontakte pro Stunde. Das entspricht einem Marktanteil von 10,1%[144]; dazu kommen stündlich 2.000 Bruttokontakte, die dasselbe Programm am Standort Coburg[145] hören. Bayernweit weist die MA 2012 RADIO I für Radio Galaxy eine durchschnittliche Bruttokontaktsumme von 82.000 pro Stunde aus.[146]

3.2 Inhaltsanalyse der verschiedenen Radioprogramme

Um die Häufigkeitsverteilung von Wortbeiträgen mit Hörerbeteiligung und eine eventuelle Struktur in deren Einsätzen in den Programmen zu ermitteln, wird eine systematische, quantitative Inhaltsanalyse der fünf beschriebenen Programme durchgeführt. Dabei wird auch analysiert, welche Form der Hörerbeteiligung die häufigste ist und welche Themen bevorzugt mit Hörern in Sendungen besprochen werden.

Die Inhaltsanalyse wird gemäß KROMREY systematisiert, da sich während der Analyse an ein festes Codierschema gehalten wird (vgl. Kapitel 3.2.2).[147] Außerdem handelt es sich gemäß KLAMMER um eine quantitative Inhaltsanalyse, da sich lediglich auf eine Häufigkeitsauszählung in den analysierten Sendungen beschränkt wird.[148] Außerdem lässt sich die durchgeführte Inhaltsanalyse in

---

[143] Das grundlegende Wissen über die Programmabläufe des Mantelprogramms in Regensburg und der regionalen Stationen sowie die Kooperationen hat sich die Autorin durch ihre langjährige Tätigkeit in einer der regionalen Stationen selbst angeeignet.
[144] Vgl. FAB 2011, S.43
[145] Vgl. FAB 2011, S.67
[146] Vgl. MA 2012 RADIO I, Stand: 14.05.2012
[147] Vgl. KROMREY, 2006, S.322
[148] Vgl. KLAMMER, 2005, S.256

den Bereich der Frequenzanalysen einordnen, da durch die Analyse formale Eigenschaften und die Themen der Wortbeiträge bestimmt werden.[149]

3.2.1 Stichprobe

Pro Sender werden 24 Stunden – also ein Tag – von 00:00 Uhr bis 24:00 Uhr analysiert. Als Stichprobe dient Dienstag, der 15. Mai 2012 (Werktag). Diese Stichprobe gibt einen Querschnitt durch das komplette Programm der analysierten Sender und entspricht strukturell jedem anderen Werktag.

Für die Inhaltsanalyse wurde bewusst ein beliebiger Werktag (Montag bis Freitag) gewählt, da sich das Programm sowohl am Wochenende als auch an Feiertagen strukturell vom Programm an Werktagen unterscheidet, weil sich an diesen Tagen das Hörverhalten und die Prime-Time der Radiosender verschiebt.[150] So fallen beispielsweise bei Bayern 1 am Wochenende die Morgen- und Vormittagssendungen weg; dafür werden kirchliche Sendungen, das „Rucksackradio" und „Der lange Samstag auf Bayern 1" gesendet. Anders als wochentags gibt es nur noch eine Sendung von mittags bis abends.[151] Auch bei Antenne Bayern gibt es eigens auf das Wochenende zugeschnittene Sendungen, die sich vom Wochentag-Programm unterscheiden.[152] Das ist auch bei Radio Bamberg der Fall.[153]

Thematische Besonderheiten durch gesellschaftliche Umstände im analysierten Zeitraum wurden nicht festgestellt. Lediglich einzelne sportliche Großveranstaltungen von überregionalem Interesse lagen im näheren zeitlichen Umkreis des Analysezeitraums. Dazu gehören:

- das Finale der UEFA-Championsleague zwischen dem FC Bayern München und dem FC Chelsea in der Münchener Allianz-Arena am 19. Mai 2012.

---

[149] Vgl. KLAMMER, 2005, S.257
[150] Vgl. RADIOZENTRALE
[151] Vgl. BAYERN 1 SENDESCHEMA
[152] Vgl. ANTENNE BAYERN SENDUNGEN
[153] Vgl. RADIO BAMBERG WOCHENENDE

- das Relegationsspiel zum Aufstieg oder Verbleib in der 2. Fußball-Bundesliga zwischen Jahn Regensburg und dem Karlsruher SC am 14. Mai 2012 sowie das Relegationsspiel zum Aufstieg oder Verbleib in der 1. Fußball-Bundesliga zwischen Fortuna Düsseldorf und Hertha BSC am 15. Mai 2012.
- die Spiele im Play-Off-Viertelfinale der BEKO BBL Basketball-Meisterschaft mit Beteiligung der bayerischen Mannschaften Brose Baskets Bamberg, FC Bayern München und Baskets Würzburg am 15.Mai 2012.
- die Fußball-Europameisterschaft („Euro 2012") in Polen und der Ukraine ab dem 08. Juni 2012.

Die Sendestunden der landesweiten Sender wurden via Webstream über das Programm „Radio.fx" aufgezeichnet, während die Sendestunden von Radio Bamberg und Radio Galaxy Bamberg direkt von den Sendern zur Verfügung gestellt wurden.

3.2.2 Codierung

In der Inhaltsanalyse der vorliegenden Studie werden ausschließlich Wortbeiträge und produzierte Elemente wie z.B. Testimonial-Jingles und Transitions berücksichtigt. Musikbeiträge und Werbespots werden nicht codiert, es sei denn es handelt sich bei den Werbespots um Promotionspots sendereigener Aktionen, die zu den „produzierten Elementen" gezählt werden.

Für alle Wortbeiträge und produzierte Elemente gelten folgende Codierungen:

Kategorie: Beitragstyp

1) Wortbeitrag
2) Produziertes Element

Kategorie: Beteiligungsart

1) Direkt (Hörer ist auf Sendung)
2) Indirekt (Moderator gibt Hörerzitate wider z.B. von Post-Zuschriften, E-Mails, Kommentaren im Internet)
3) Ohne (keine Hörerbeteiligung, Codierung in weiteren Kategorien entfällt)

Kategorie: Beteiligungstechnik

1) Telefongespräch (direkt)
2) Straßenbefragung (direkt)
3) Beteiligung im Studio/vor Ort (direkt)
4) E-Mail oder Post-Zuschrift (indirekt)
5) Facebook-Eintrag (indirekt)

Kategorie: Beteiligungsthema

1) Gewinnspiele/Quizsendungen
2) Musikwunsch/Glückwunsch/Gruß
3) Meinungsäußerung/Hinweise der Hörer (auch Stau-/Blitzermeldungen)
4) Beratung
5) Hörer als Werbeträger

3.2.3 Sonstige Analyseregeln

Wird in einem Beitrag mit Hörerbeteiligung mehr als ein Bereich aus der Kategorie „Beteiligungsthema" angesprochen, wird dasjenige Thema codiert, das deutlich im Vordergrund des Wortbeitrags steht bzw. das ausschlaggebend für die Hörerbeteiligung war. Wird zum Beispiel ein Gewinnspiel mit direkter Beteiligung eines Hörers durchgeführt, bei dem der Hörer am Schluss seine Familie grüßt, wird dieser Wortbeitrag als Gewinnspiel und nicht als Gruß codiert, da das Gewinnspiel der eigentliche Grund für die Hörerbeteiligung war und im Vordergrund steht.

Servicemoderationen wie Wetter und Verkehr werden getrennt voneinander codiert, auch wenn sie nicht durch einen Musikbeitrag voneinander getrennt sind. Dasselbe gilt für Nachrichten, die meist direkt vor oder nach dem Service platziert sind. Wird das Wetter als Element der Nachrichten eingebaut, wird es dennoch separat codiert.

In der vorliegenden Inhaltsanalyse greift die in der Programmforschung übliche „Drei-Sekunden-Regel". Das heißt, ein Beitrag wird nicht separat codiert, wenn er kürzer als drei Sekunden ist. Produzierte Verpackungen von Sendeelementen (z.B. Nachrichten-Intros, Wetter-Intros, Intros für sendereigene Aktionen etc.) gehen in der Analyse in den Wortbeitrag ein, auf den sie sich beziehen und werden nicht separat codiert. Auch produzierte On-Air-Promotion, beispielsweise in Form von festen Rubriken oder so genannten „Backsell"-Beiträgen, wird in der vorliegenden Inhaltsanalyse zu der Kategorie der Wortbeiträge gezählt.

Sollten in einem Wortbeitrag sowohl indirekte als auch direkte Hörerbeteiligung und somit zwei verschiedene Beteiligungsarten vorkommen, wird stets die direkte Beteiligungsart codiert.

3.2.4 Pretest

Um zu testen, ob die in Kapitel 3.2.2 definierten Kategorien für die Inhaltsanalyse tauglich sind und zur Beantwortung der in Kapitel 2.8 gestellten Forschungsfragen dienen, wurde ein Pretest nach ATTESLANDER durchgeführt.[154] Als Stichprobe für den Pretest dienten die Sendestunden zwischen 07:00 und 08:00 sowie zwischen 16:00 Uhr und 17:00 Uhr der in Kapitel 3.1 beschriebenen Sender.

Im Zuge des Pretests wurde festgestellt, dass die Definition der indirekten Hörerbeteiligung präzisiert werden muss. So zählt Hörerbeteiligung in einem Wortbeitrag nur als indirekt, wenn der Hörer in mehreren Sätzen zitiert wird. Kurze Hinweise auf Hörer, die vom Moderator gemacht werden, gehen nicht ein (z.B. Hinweis im Wetter: „Bei Angelika in Augsburg sind es aktuell 15 Grad." oder Verkehrsservice: „Daniel hat uns einen Blitzer gemeldet.").

Um Beitragsformen innerhalb der Inhaltsanalyse klar unterscheiden zu können, wurde nach dem Pretest die Kategorie „Inhalt des Beitrags" zusätzlich eingefügt. Die Codierung erfolgt nach der Codierung des Beitragstyps und vor der Codierung der Beteiligung.

---

[154] Vgl. ATTESLANDER, 2008, S.277

Kategorie: Inhalt des Beitrags

1) Nachrichten
2) Service (Wetter, Verkehr)
3) Opener der Sendung, kurze An-/Abmoderation (z.B. von Musik), Teasing
4) Moderation, Beitrag (auch vorproduzierte Rubriken wie z.B. Comedy)
5) Promotion-Spot (für Sendungen oder sendereigene Aktionen, auch Musik-Promos, keine Werbung)
6) Jingle, Drop-In

Als „Promotion-Spot" werden in der vorliegenden Inhaltsanalyse beispielsweise auch Musik-Promotions oder produzierte Musiktipps der Redaktion codiert. Beim Pretest ist in diesem Fall z.B. der „Frühaufdreher-Hit-Tipp" von Bayern 3 aufgefallen.

Der Definition des Codes „Straßenbefragung" in der Kategorie „Beteiligungstechnik" ist nach dem Pretest hinzuzufügen, dass es sich hierbei auch um einen einzelnen O-Ton eines Hörers handeln kann und es nicht erforderlich ist, dass mehrere O-Töne hintereinander geschnitten sind.

Wird eine Moderation kurzzeitig durch eine Verkehr-Gefahrenmeldung unterbrochen, wird diese Unterbrechung zwar als separates Element codiert; die eigentliche Moderation zählt in diesem Fall aber trotz Unterbrechung als ein einheitliches Element und wird nur einmal codiert.

3.3 Qualitative Experteninterviews

Um Hintergrundwissen zu den Zielen, die die analysierten Sender mit dem Einsatz von Hörerbeteiligung verfolgen, zu erlangen, werden nach der Inhaltsanalyse der Programme qualitative Experteninterviews mit Verantwortlichen der jeweiligen Redaktionen durchgeführt. Die Interviews erfolgen als teilstrukturierte Befragung nach ATTESLANDER; d.h. ein Gesprächsleitfaden mit vorgefertigten Fragen gibt den Rahmen des Interviews vor, die Reihenfolge der Fragen im

Gespräch ist variabel. Außerdem können zusätzlich auch weitere, sich aus dem Gespräch ergebende Fragen gestellt werden.[155] Die Interviews werden hauptsächlich mündlich per Telefon geführt; in einem Ausnahmefall erfolgt ein Interview schriftlich. Die Interviewfragen für den Gesprächsleitfaden (vgl. Kapitel 3.3.1) sind hauptsächlich nicht-standardisiert, d.h. gemäß ATTESLANDER gibt es keine vorgefertigten Antwortmöglichkeiten und Antwortkategorien. Lediglich bei zwei Fragen des Leitfadens wird eine solche Standardisierung vorgenommen, um eine direkte Vergleichbarkeit der Antworten zu gewährleisten.[156]

Als Interviewpartner wurden aufgrund ihrer leitenden Positionen in den jeweiligen Sendern oder Sendungen folgende Personen als Experten ausgewählt:

- Bayern 1: Bernd Diestel, stellvertretender Redaktionsleiter
- Bayern 3: Ulli Wenger, Chef vom Dienst
- Radio Bamberg: Marcus Appel, leitender Redakteur
- Radio Galaxy Bayern: Detlef Kapfinger, On Air Director und Florian Wein, Moderator der Sendung "U – die interaktive Nachmittagsshow"
- Radio Galaxy Bamberg/Coburg: Max Lotter, Programmleiter

Für Radio Galaxy wurden mehrere Personen interviewt, da in der werberelevanten Zeit (wochentags zwischen 06:00 Uhr und 18:00 Uhr) sowohl im Mantelprogramm aus Regensburg (Radio Galaxy Bayern) als auch im Lokalstudio in Bamberg (Radio Galaxy Bamberg/Coburg) unabhängig voneinander Programme produziert werden. Bei Radio Bamberg erfolgt das in der werberelevanten Zeit nicht; hier wird lediglich das Nachtprogramm mit dem Mantelprogramm der BLR bestückt. Deshalb wird in diesem Fall von einem Experteninterview mit Programmverantwortlichen des Mantelprogramms abgesehen.

Antenne Bayern hat sich nicht bereit erklärt, ein Experteninterview zu geben.

---

[155] Vgl. ATTESLANDER, 2008, S.125
[156] Vgl. ATTESLANDER, 2008, S.134

3.3.1 Vorgefertigter Gesprächsleitfaden

Der Gesprächsleitfaden beinhaltet in einem ersten Teil sechs Fragen, die allen Interviewpartnern gestellt werden. In einem zweiten Teil wird mittels spezieller Fragen auf Besonderheiten eingegangen, die sich aus den Ergebnissen der Inhaltsanalyse für die analysierten Sender ergeben.

Folgende Fragen werden zu Beginn des Experteninterviews jedem Interviewpartner gestellt:

- Wie wichtig ist Hörerbeteiligung in Ihrem Programm? Bitte stufen Sie ab in einer Wertung von 1 bis 6 (1 = überhaupt nicht wichtig, 2 = unwichtig, 3 = eher unwichtig, 4 = eher wichtig, 5 = wichtig, 6 = überaus wichtig).
- Warum entscheiden Sie sich für diese Wertung?
- Welche Ziele verfolgen Sie mit dem Einsatz von Hörerbeteiligung in Ihrem Programm?
- Gibt es besondere Festlegungen oder Richtlinien in Ihrem Programm, die den Einsatz von Hörerbeteiligung betreffen?
- Nach welchen Kriterien wird ausgewählt, ob ein Thema mit Hörerbeteiligung bearbeitet wird oder nicht?
- Wie wichtig ist Hörerbeteiligung speziell für die Bindung von Hörern an Ihr Programm? Bitte stufen Sie erneut ab in einer Wertung von 1 bis 6 (1 = überhaupt nicht wichtig, 2 = unwichtig, 3 = eher unwichtig, 4 = eher wichtig, 5 = wichtig, 6 = überaus wichtig).

Folgende Fragen sind spezifisch für die Verantwortlichen einzelner Sender:

- Frage an Bayern 1: Laut Inhaltsanalyse ist in Ihrem Programm die Sendung mit der meisten Hörerbeteiligung die Morgensendung. Warum platzieren Sie ausgerechnet zu dieser Tageszeit (05:00 Uhr bis 09:00 Uhr) so viele Wortbeiträge, an denen Hörer beteiligt sind?
- Frage an Bayern 1: Gemäß der Inhaltsanalyse setzt Bayern 1 als einziger der analysierten Sender Hörer nicht gezielt als Werbeträger ein. Ist das Zufall am analysierten Tag oder sehen Sie von dieser Beteiligungsart generell ab? Wenn ja, warum?

- Frage an Bayern 3: Gibt es einen Grund dafür, dass Hörer nachts vor allem indirekt und tagsüber vor allem direkt am Programm beteiligt werden?
- Frage speziell an Bayern 3: Laut Inhaltsanalyse ist in Ihrem Programm die Sendung mit der meisten Hörerbeteiligung die Nachtsendung von 00:00 Uhr bis 05:00 Uhr. Warum werden ausgerechnet zu dieser Tageszeit so viele Hörer beteiligt?
- Frage speziell an Radio Bamberg: Woran liegt es, dass in Ihrem Programm vergleichsweise wenig Hörerbeteiligung platziert wird?
- Frage speziell an Radio Bamberg und Radio Galaxy Bamberg/Coburg: Wäre eine größere Hörerbeteiligung von Ihrer Seite aus im Mantelprogramm wünschenswert? Wenn ja, warum?
- Frage speziell an Radio Galaxy Bayern: Aus welchen Gründen setzen Sie trotz der Affinität von Jugendlichen zu Online-Medien vorrangig auf direkte Beteiligungsformen?
- Frage speziell an Radio Galaxy Bayern: Sie haben (als einziger der analysierten Sender) eine Call-In-Show am Nachmittag im Programm („U – die interaktive Nachmittagsshow"). Aus welchen Gründen haben Sie sich für die Einführung dieses Sendeformats entschieden?
- Frage speziell an Radio Galaxy Bayern: Gibt es bei „U – die interaktive Nachmittagsshow" spezielle Vorgaben zur Häufigkeit der Hörerbeteiligung, der Frequenz des Einsatzes?

3.3.2 Interview-Regeln

Alle Experten erhalten die Interviewfragen vor der Befragung schriftlich und können sich auf das Interview vorbereiten.

Die Reihenfolge der Interviewfragen ist variabel und kann je nach Gesprächsverlauf geändert werden. Als Einstieg in das Gespräch empfehlen sich die ersten beiden Fragen.

Der Interviewer kann jederzeit Rückfragen stellen, sollte den Befragten dafür jedoch nicht unterbrechen.

Alle Befragten werden vor dem Gespräch über grundlegende Ergebnisse der bereits durchgeführten Inhaltsanalyse aufgeklärt; z.B. welcher Sender am häufigsten Hörer beteiligt und welcher Sender Hörerbeteiligung am wenigsten einsetzt.

4 Auswertung und Erkenntnisse

Nach Auswertung der Daten der Inhaltsanalyse (vgl. Codesheets in Anlage 1 bis 5) zeigt sich, dass bei den analysierten landesweiten Radiosendern Antenne Bayern, Bayern 1 und Bayern 3 Hörerbeteiligung eine große Rolle spielt. Im Vergleich dazu werden in den lokalen Programmen von Radio Bamberg und Radio Galaxy Bamberg/Coburg Hörer nur sehr wenig beteiligt. Im analysierten Zeitraum werden prozentual die meisten Hörer am Programm von Bayern 1 beteiligt (vgl. Tabelle 2); 38% der Moderationen und Beiträge entfallen am analysierten Tag auf jene mit Hörerbeteiligung. Bayern 3 hat mit 35% ebenfalls eine vergleichsweise hohe Beteiligungsquote, Antenne Bayern beteiligt seine Hörer in 26% aller Moderationen und Beiträge, Radio Galaxy Bamberg/Coburg erreicht mit 23% einen ähnlichen Wert. Das Schlusslicht bei der prozentualen Hörerbeteiligung an Moderationen und Beiträgen ist Radio Bamberg mit 14%. In absoluten Zahlen ist die Rangfolge leicht verändert. Das ist auf die verschiedene Anzahl von Wortbeiträgen in den Programmen und die unterschiedlich starke Beteiligung von Hörern an Servicemoderationen bzw. Promo-Spots zurück zu führen. In absoluten Zahlen liegt Bayern 3 mit 57 Hörerbeteiligungen vorn, gefolgt von Bayern 1 mit 43 und Antenne Bayern mit 41. Die lokalen Programme von Radio Bamberg (18) und Radio Galaxy Bamberg/Coburg (16) sind im Vergleich der absoluten Werte noch weiter von den landesweiten Programmen abgeschlagen als beim Vergleich der prozentualen Werte.

Sender	Hörerbeteiligung (absolut)	Hörerbeteiligung (prozentual)
Antenne Bayern	41	26%
Bayern 1	43	38%
Bayern 3	57	35%
Radio Bamberg	18	14%
Radio Galaxy Bamberg/Coburg	16	23%

Tabelle 2: Absolute und prozentuale Hörerbeteiligung in den analysierten bayerischen Programmen

Im Vergleich zu der in Kapitel 2.7 aufgeführten Studie, die die BLM im Jahr 1989 durchgeführt hat, zeigt sich eine völlige Veränderung. Während damals innerhalb einer Woche beispielsweise bei Antenne Bayern 54-mal und bei

Bayern 1 51-mal Hörer beteiligt wurden, treten annähernde Werte heutzutage im Tagesverlauf dieser Sender auf. Am größten ist der Unterschied bei Bayern 3. Wurden im Jahr 1989 Hörer noch 11-mal innerhalb einer Woche beteiligt, so sind es heute 57 Beteiligungen am Tag. Daran zeigt sich, dass sich die Bedeutung von Hörerbeteiligung im Programm aus Sicht der Programmverantwortlichen stark gewandelt haben muss. Bei den analysierten landesweiten Programmen ist darüber hinaus eine gewisse Regelmäßigkeit bzw. Struktur beim Einsatz der Hörerbeteiligung zu erkennen. Darauf wird ausführlich in den einzelnen Sender-Auswertungen (vgl. Kapitel 4.1 bis 4.5) eingegangen.

4.1 Hörerbeteiligung bei Antenne Bayern

Dass es bei Antenne Bayern zwischen 00:00 Uhr und 05:00 Uhr lediglich eine Beteiligung von Hörern – und diese in den Nachrichten und nicht in einer Moderation – gibt, ist hauptsächlich dem Umstand geschuldet, dass es in diesem Zeitraum keine Moderation gab. Es wurden lediglich Musikbeiträge und Jingles oder Promo-Spots verknüpft; dazu wurden halbstündlich Nachrichten und Service gesendet.

In den analysierten 24 Stunden werden auf Antenne Bayern 41-mal Hörer beteiligt. Die häufigste Beteiligung hat mit 13 Beteiligungen die „Stefan-Meixner-Show" zwischen 15:00 Uhr und 20:00 Uhr. Im Tagesverlauf (vgl. Abbildung 1) ist außerdem ein deutlicher Ausschlag während der Morgensendung (05:00 bis 09:00 Uhr) zu erkennen. Diese beiden „Wellen" erinnern an die wellenförmige Radionutzung im Tagesverlauf mit Spitzen in der Primetime morgens und der Drivetime nachmittags[157] und legen die Vermutung nahe, dass Hörerbeteiligung bei Antenne Bayern in den hörerstärksten Sendezeiten vermehrt eingesetzt wird.

---

[157] Vgl. AG.MA 2012 RADIONUTZUNG, Stand: 08.06.2012

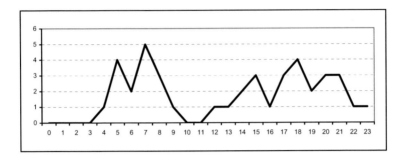

Abbildung 1: Häufigkeit der Hörerbeteiligung im Tagesverlauf, Antenne Bayern

Die Beteiligung der Hörer erfolgt bei Antenne Bayern im Analysezeitraum meist direkt und nur in wenigen Fällen indirekt (vgl. Abbildung 2). Zur direkten Beteiligung zählen auch Beteiligungen von Hörern, die in Promo-Spots als Werbeträger auftreten; das kommt im analysierten Zeitraum fünfmal vor. Während der Morgensendung „Guten Morgen Bayern" zwischen 05:00 Uhr und 09:00 Uhr erfolgt der Einsatz dieser Promo-Spots regelmäßig einmal pro Sendestunde.

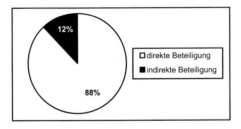

Abbildung 2: Verteilung der direkten und indirekten Hörerbeteiligung, Antenne Bayern

Als vorrangige Beteiligungstechnik sticht bei Antenne Bayern im Analysezeitraum das Gespräch via Telefon mit 61% heraus (vgl. Abbildung 3). Besonders der regelmäßige Einsatz (ein- bis zweimal stündlich) von Hörern, die in der „Stefan-Meixner-Show" am Nachmittag per Telefon Verkehrsmeldungen durchgeben, ist für diesen hohen Wert verantwortlich. Straßenbefragungen bilden mit 23% einen zweiten großen Teil; Studiogespräche oder Interviews mit Hörern im Sendegebiet treten im analysierten Zeitraum nicht auf. Indirekte Beteiligungstechniken kommen kaum zum Einsatz; das ist grundlegend dem bereits angesprochenen Verhältnis von direkter und indirekter Beteiligung geschuldet.

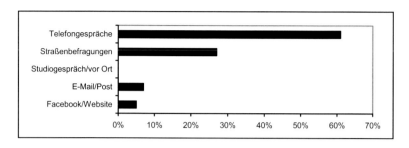

Abbildung 3: Häufigkeitsverteilung der Beteiligungstechniken, Antenne Bayern

In der Kategorie Beteiligungsthema sind Meinungsäußerungen bzw. Hinweise der Hörer mit 71% und damit mit Abstand am häufigsten vertreten; auch das liegt unter anderem an dem bereits beschriebenen Umstand, dass die Hörer am Nachmittag als Verkehrsmelder regelmäßig ins Programm eingebunden werden. In 12% der Beteiligungsfälle werden Hörer als Werbeträger eingesetzt; Beratungen (7%) sowie die Bereiche Gewinnspiele/Quiz (5%) und Musikwunsch/Gruß (5%) fallen nicht ins Gewicht.

Auffällig ist die häufige Beteiligung von Hörern in Form von Straßenbefragungen in den Nachrichten. Das ist im Analysezeitraum siebenmal der Fall – so oft wie bei sonst keinem der analysierten Sender.

Die Auswertung eines qualitativen Experteninterviews kann nicht erfolgen, da die Programmverantwortlichen von Antenne Bayern für Experteninterviews nicht zur Verfügung standen.

4.2 Hörerbeteiligung bei Bayern 1

Das Programm von Bayern 1 wurde am analysierten Tag nicht komplett aus dem Münchener Funkhaus gesendet; in der Nacht übernahm Bayern 1 das Programm der „ARD-Hitnacht" von SR3 Saarlandwelle. In der Mittagszeit (12:00 Uhr bis 13:00 Uhr) wurden regionale Programme aus den jeweiligen Regionalstudios gesendet; von diesen regionalen Standorten wurden im Zeitraum zwischen 06:00 Uhr und 18:00 Uhr einmal stündlich Regionalnachrichten und regionale Wettermeldungen eingespielt. In der vorliegenden Untersuchung wurde aus technischen Gründen in allen Fällen das Programm des Münchener Studios analysiert.

Abweichungen vom täglichen Programm gab es bei Bayern 1 am Abend zwischen 20:00 Uhr und 23:00 Uhr, da in diesem Zeitraum am Analysetag sowohl einzelne Spiele im Play-Off-Viertelfinale der BEKO BBL Basketball-Meisterschaft als auch das Fußball-Relegationsspiel um Aufstieg oder Verbleib in der ersten Bundesliga zwischen Hertha BSC und Fortuna Düsseldorf in Live-Einblendungen übertragen wurden.

4.2.1 Ergebnisse der Inhaltsanalyse

Insgesamt werden in den analysierten 24 Stunden im Programm von Bayern 1 43 Beteiligungen von Hörern gezählt. Bezogen auf den Anteil an Moderationen und Beiträgen entspricht das einer Hörerbeteiligung von 38%. Die Hörer werden in der Morgensendung „Der Morgen auf Bayern 1" zwischen 05:00 Uhr und 09:00 Uhr am häufigsten beteiligt; hier werden 12 Beteiligungen gezählt.

Auffällig im Tagesverlauf sind einzelne Spitzenwerte, die immer in der zweiten Sendestunde einer Sendung auftreten (vgl. Abbildung 4). Am Abend lässt die Hörerbeteiligung im Vergleich zum restlichen Tag ein wenig nach; das ist möglicherweise unter anderem den Spezialsendungen „Bayern 1 Volksmusik" und „Deutsch nach 8" geschuldet.

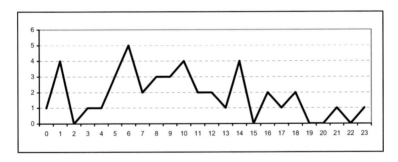

Abbildung 4: Häufigkeit der Hörerbeteiligung im Tagesverlauf, Bayern 1

Wie auch bei Antenne Bayern zeigt sich bei Bayern 1 ein Ungleichgewicht in den Beteiligungsarten (vgl. Abbildung 5). Indirekte Beteiligung wird mit 7% im analysierten Zeitraum kaum eingesetzt im Gegensatz zu 93% direkter Beteiligung.

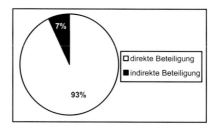

Abbildung 5: Verteilung der direkten und indirekten Hörerbeteiligung, Bayern 1

Deutlich wird dieses Ungleichgewicht auch im Hinblick auf die eingesetzten Beteiligungstechniken (vgl. Abbildung 6). Die Website wird zum indirekten Einbinden der Hörer im Analysezeitraum nicht genutzt. Auch Facebook dient für Bayern 1 nicht als Beteiligungsplattform; der Sender hatte zum Zeitpunkt der Inhaltsanalyse keine eigene Fan-Seite in diesem sozialen Netzwerk. Anders als bei Antenne Bayern (vgl. Kapitel 4.1.1) werden in 33% der Beteiligungsfälle und damit lediglich am zweithäufigsten Telefongespräche mit Hörern geführt. Mit 53% sind Straßenbefragungen führend. Verantwortlich für diese Rangfolge ist vor allem die Bayern 1-Aktion „Bayerns beste Bayern", die über den gesamten Analysetag durch Hörer, die Vorzüge ihrer Region aufzählen, beworben wird. Studiogespräche bzw. Interviews mit Hörern im Sendegebiet und Beteiligung via E-Mail oder Post kommen mit jeweils 7% verhältnismäßig selten vor.

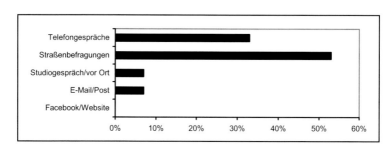

Abbildung 6: Häufigkeitsverteilung der Beteiligungstechniken, Bayern 1

Auch bei Bayern 1 kommen bei den Beteiligungsthemen die Meinungen und Hinweise in den Hörerbeteiligungen mit 77% am häufigsten vor. Die Bereiche Gewinnspiele/Quiz und Musikwunsch/Gruß werden mit jeweils 12% eingesetzt. Gar nicht realisiert werden Beratungen von Hörern sowie der Einsatz von Hörern als Werbeträger.

4.2.2 Ergebnisse des Experteninterviews

Als Experte für das Programm von Bayern 1 wurde Bernd Diestel, der stellvertretende Redaktionsleiter des Senders, herangezogen. Das komplette Interview ist Anlage 6 zu entnehmen.

Hörerbeteiligung im Programm von Bayern 1 ist für Diestel überaus wichtig. Vorrangig nennt er dafür vier Gründe:

- Verantwortung gegenüber den Gebührenzahlern
- Nutzen des „Rückkanals" vom Hörer zum Sender (Feedback-Funktion)
- Selbstverständnis des Senders als Plattform für Standpunkte und Meinungen
- Nachweis der regionalen Verwurzelung des Programms im Sendegebiet
- Unterhaltungsfaktor für die Hörer

Die Hörer haben laut Diestel ein Recht darauf, für ihre Rundfunkgebühren ein Programm geboten zu bekommen, das Hörernähe wichtig nimmt und demzufolge Hörer beteiligt.

> „Wenn man Programm mit Gebühren finanziert, dann [...] ist es die Verantwortung der Programmmacher, darauf zu achten, dass dieses Programm auch die Belange und die Bedürfnisse der Hörer möglichst stark berücksichtigt."

Deshalb würden laut Diestel die Hörer bei Bayern 1 sowohl in die Themenplanung als auch in die Themenaufbereitung einbezogen, wovon wiederum der Sender selbst profitiere, da die Erfahrungen und Meinungsäußerungen der Hörer das Programm bereichern würden. Die Hörer würden nicht nur Themen „vorgesetzt" bekommen, sondern ein Thema gemeinsam mit anderen Hörern und den Moderatoren erörtern. Damit einhergehend will Bayern 1 seinen Hörern eine Plattform für verschiedene Meinungen und Standpunkte und auch deren Austausch bieten.

Hörerbeteiligung eigne sich laut Diestel auch als Unterhaltungselement. Call-Ins würden im Programm von Bayern 1 häufig für die Diskussion „bunter" Themen genutzt, die weniger der Information sondern vielmehr der Unterhaltung der

Hörer dienen. Neben Call-Ins würden die Hörer in diesen Fällen auch anderweitig beteiligt.

„Wir haben Spiele im Programm, die wir mit den Hörern – entweder im Radio oder auch draußen im Sendegebiet bei Veranstaltungen – zusammen machen und auch da ist natürlich der Hörer zwingend notwendig und erwünscht, um das Ganze lebendig zu machen."

Ebenso sei die Hörerbindung für Diestel ein überaus wichtiges Ziel von Hörerbeteiligung. In diesem Zusammenhang sei die Beteiligung von Hörern ein Nachweis dafür ist, dass ein Programm (in diesem Fall Bayern 1) stark in seinem Sendegebiet verwurzelt ist. Sie zeige, dass Hörer aus dem Sendegebiet den Sender tatsächlich hören und auch nutzen. Der betreffende Sender erhalte dadurch das Image nicht „unnahbar" zu sein und sein Programm an den Bedürfnissen der Hörer auszurichten.

„Prinzipiell soll auf Bayern 1 der Hörer immer die Möglichkeit haben, sich zu Wort zu melden."

Diese Aussage gelte mit einer Einschränkung: sofern es die Programmplanung zulässt. Zwar gebe es keine konkreten Richtlinien oder Regeln für den Einsatz und die Frequenz von Hörerbeteiligung im Programm von Bayern 1, jedoch würden Hörer nicht „alle fünf Minuten" zu Wort kommen. Der Einsatz von Hörerbeteiligung sei abhängig vom Thema und der Art der Themenumsetzung im Programm.

„Aber wenn interessante Sachen reinkommen – auch wenn es kein Call-In ist im klassischen Sinne – dann nehmen wir das immer wieder auf; in die Moderationen, in die Darstellung des Themas."

Regelmäßigkeiten gebe es lediglich in einigen Spezialsendungen, die sich vorrangig mit der Beratung der Hörer beschäftigen. So würden Hörer beispielsweise regelmäßig in einer Sendung mit dem Schwerpunkt Kochen (wöchentlich) und einer Sendung, in der eine Gartenexpertin Fragen der Hörer beantwortet (14-tägig), beteiligt.

Dass – wie in der vorliegenden Inhaltsanalyse ermittelt – die Sendung mit der häufigsten Hörerbeteiligung bei Bayern 1 die Morgensendung ist, habe laut Diestel einen strategischen Hintergrund.

> „Wir erreichen um die 80% unserer Hörer, die wir am ganzen Tag mit Bayern 1 erreichen, bereits in diesen ersten Stunden des Tages […]. Wir versuchen da dann auch diese Themen, die Gesprächswert haben, die die Menschen möglicherweise auch mit in die Arbeit tragen, mit Arbeitskollegen oder morgens schon mit Familienmitgliedern am Frühstückstisch besprechen, verstärkt in der Frühsendung aufzugreifen und da eben auch den Rückkanal zu den Hörern zu nutzen."

Ebenfalls zur Strategie von Bayern 1 zähle der eher seltene Einsatz von Hörern als Werbeträger. Am analysierten Sendetag wurde ein solcher Einsatz nicht verzeichnet; Diestel schließt diese Form der Hörerbeteiligung aber nicht generell aus.

> „Es gibt kein Tabu in der Programmgestaltung bei Bayern 1, Hörer mit einzubeziehen in die Positionierung des Senders oder in die Eigenpromotion."

Dennoch erfolge der Einsatz von Hörern als Werbeträger bei Bayern 1 laut Diestel „sehr dosiert", da sich ein zu häufiger Einsatz solcher Programmelemente abnutze, die Hörer ermüde und dieses Eigenlob des Senders dann eher negativ von den Hörern wahrgenommen werden würde.

4.3 Hörerbeteiligung bei Bayern 3

Zwei Besonderheiten fallen im Verlauf der analysierten 24 Stunden im Programm von Bayern 3 auf: in zwei Sendungen kamen Studiogäste vor, die live im Interview Rede und Antwort standen: das betraf die „Katja-Wunderlich-Show" im Zeitraum zwischen 15:00 Uhr und 15:30 Uhr und die Sendung „Matuschke – der andere Abend in Bayern 3" zwischen 20:00 Uhr und 21:00 Uhr.

4.3.1 Ergebnisse der Inhaltsanalyse

Bayern 3 führt das Feld der analysierten Sender bei der absoluten Zahl der Hörerbeteiligungen an. Insgesamt werden 57 Beteiligungen gezählt; in 35% der Moderationen und Beiträge werden Hörer beteiligt. Die Sendung mit der häufigsten Hörerbeteiligung ist „Bayern 3 – die Nacht" zwischen 00:00 Uhr und 05:00 Uhr; hier werden 15-mal Hörer beteiligt.

Es zeigt sich, dass der Mittelwert der Anzahl der Hörerbeteiligung im Tagesverlauf etwas sinkt (vgl. Abbildung 7). Dennoch gibt es lediglich drei Stunden, in denen gar keine Hörer beteiligt werden; das betrifft zwei Sendungen: zum einen die Talk-Sendung „Mensch Otto" und zum anderen „Bayern 3 Nightlife".

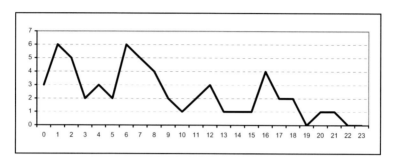

Abbildung 7. Häufigkeit der Hörerbeteiligung im Tagesverlauf, Bayern 3

Bayern 3 ist der einzige der analysierten Sender, bei dem sich direkte und indirekte Beteiligungsarten in ihrer Häufigkeit in etwa die Waage halten (vgl. Abbildung 8). Auffällig ist, dass im Programm am Tag (06:00 Uhr bis 16:00 Uhr) ausschließlich direkte Beteiligungstechniken eingesetzt werden, während nachts (0:00 Uhr bis 05:00 Uhr) die indirekten Beteiligungstechniken überwiegen.

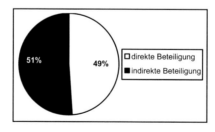

Abbildung 8: Verteilung der direkten und indirekten Hörerbeteiligung, Bayern 3

Bei der Verteilung der einzelnen Beteiligungstechniken ist Bayern 3 der einzige der analysierten Sender, bei dem eine indirekte Form das Feld anführt: mit 42% aller Beteiligungen kommen Hörer am häufigsten per E-Mail oder Post indirekt zu Wort (vgl. Abbildung 9). Auch Straßenbefragungen werden mit einem Drittel aller Beteiligungen verhältnismäßig häufig eingesetzt, wohingegen Telefongespräche mit Hörern lediglich 14% ausmachen. Über Facebook bzw. die Website von Bayern 3 werden Hörer in 9% der Fälle eingebunden; verschwindend gering ist mit einem einzigen Fall und damit 2% das Studiogespräch bzw. Interview vor Ort.

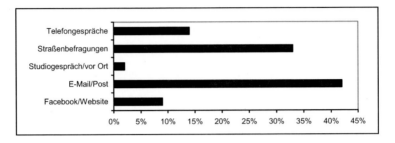

Abbildung 9: Häufigkeitsverteilung der Beteiligungstechniken, Bayern 3

Wie auch bei allen anderen analysierten Sendern überwiegt bei Bayern 3 im analysierten Zeitraum beim Beteiligungsthema mit 46% der Bereich Meinungsäußerung/Hinweis. Allerdings ist der Abstand zur Häufigkeit der anderen Beteiligungsthemen bei Bayern 3 bei Weitem nicht so groß. Fast jeder vierte Fall von Hörerbeteiligung ist ein Musikwunsch, Glückwunsch oder Gruß (24%). Einen ähnlichen Wert weist mit 23% der Bereich Hörer als Werbeträger auf. Gewinnspiele bzw. Quiz (5%) sowie eine Beratung der Hörer (2%) werden eher selten eingesetzt.

4.3.2 Ergebnisse des Experteninterviews

Als Experte für das Programm von Bayern 3 wurde Ulli Wenger, der Chef vom Dienst bei Bayern 3, interviewt. Das komplette Interview ist Anlage 7 zu entnehmen.

Hörerbeteiligung im Programm von Bayern 3 ist nach Ansicht von Wenger wichtig. Als Ziele, die der Sender damit verfolgt, lassen sich aus seinen Ausführungen folgende fünf vorrangig ableiten:

- Hörerbeteiligung generell als Dienstleistung für die Hörer (Wunsch-Charakter)
- Beratung der Hörer
- Begleitung der Hörer

- Abbildung des Meinungsspektrums der Hörer
- Feedback-Funktion für den Sender

> *„Wir machen das Radio ja nicht für uns – für die Macher – sondern für den Kunden und das ist der Hörer. Deshalb muss der Hörer ernst genommen werden und deshalb legen wir natürlich auch auf seine Meinung großen Wert."*

Bayern 3 sei laut Wenger „Dienstleister am Hörer". Das Programm müsse sich demzufolge nach den Hörern ausrichten und ihre Bedürfnisse befriedigen; sie müssten aktiv am Programm mitarbeiten können. Bestenfalls solle ein möglichst großer Teil des Meinungsspektrums zu einem Thema von den Hörern abgedeckt werden. Deshalb – und auch um Risiken, die mit einer Live-Hörerbeteiligung verbunden wären (vgl. Kapitel 2.5), zu umgehen – würden die Hörer, die sich direkt im Programm von Bayern 3 beteiligen wollen, off-air aufgezeichnet und zeitversetzt gesendet werden.

Ein weiteres wichtiges Ziel, das Bayern 3 mithilfe von Hörerbeteiligung erreichen will, sei die Kritik-Möglichkeit der Hörer. Hörerbeteiligung habe laut Wenger für die Programmverantwortlichen eine wichtige Feedback-Funktion.

> *„[…] es ist manchmal ein Senden ins Nirwana. Man weiß ja sonst gar nicht: kommt das überhaupt an? Und deshalb sind für uns das Schönste auch diese ganzen Studiofeedbacks – gab es ja früher nicht – Studio-E-Mail. […] Das ist für uns wirklich ein toller Seismograf, um zu checken, wie unser Hörer tickt und was er von uns erwartet."*

Dieses Feedback hole sich Bayern 3 nicht nur durch eine Beteiligung der Hörer on-air, sondern auch durch verschiedene Formen des off-air-Marketings. Mit Veranstaltungen im Sendegebiet oder während Studioführungen durch das Funkhaus des Bayerischen Rundfunks in München würden die Programmverantwortlichen laut Wenger den Kontakt zu den Hörern suchen. Das wiederum führe als Nebeneffekt zu einer engeren Hörerbindung des Senders.

> *„Wir machen ja Radio in erster Linie, um die Hörer an uns zu binden."*

Bayern 3 bezwecke mit einer stärkeren Hörerbindung das Erzeugen einer höheren Verweildauer der Hörer im Programm. Das wiederum könne sich positiv auf die Hörerzahlen des Senders auswirken. Hörerbeteiligung sei im Zusammenhang mit Hörerbindung laut Wenger ein wichtiger Aspekt.

Im Tagesverlauf gebe es Sendungen, die für Hörerbeteiligung besser und weniger gut geeignet sind. Wie die vorliegende Inhaltsanalyse ergeben hat, werden bei Bayern 3 in den Nachtstunden (00:00 Uhr bis 05:00 Uhr) am häufigsten Hörer beteiligt und auch Wenger bestätigt, dass diese Uhrzeit dafür sehr gut geeignet ist.

> *„Wer schon in der Nacht zwischen 0 und 5 Uhr zuhört, der will ja nicht einschlafen, der muss ja wach sein. Der sitzt irgendwo im Krankenhaus, an der Uni-Pforte oder sonst wo […] das heißt, die Leute […] muss man dann auch ein bisschen am Einschlafen hindern und da ist es natürlich auch nett, wenn die Leute mit dem Moderator direkt in Kontakt treten können."*

Thematisch würden in dieser Zeit besonders „bunte" Beratungen der Hörer im Vordergrund stehen. In Ausnahmefällen würden auch aktuelle Geschehnisse, die sich in der betreffenden Nacht ereignen, thematisiert werden. Diese Möglichkeit sieht Wenger als Wettbewerbsvorteil gegenüber beispielsweise dem privaten, landesweiten Sender Antenne Bayern. Dort gibt es in der Nacht keine Moderation und dadurch auch keine Möglichkeit zur Hörerbeteiligung (vgl. Kapitel 4.1).

> *„Das ist unsere Stärke, wir sind in der Nacht wirklich da, damit die Leute sich auch in der Nacht nicht allein gelassen fühlen und über das Aktuelle informiert sind."*

Die nachfolgende Morgensendung rege laut Wenger schon per se Hörer dazu an, sich mit Meinungsäußerungen zu beteiligen, da die Sendung mit ihren drei polarisierenden Moderatoren bereits jeweils drei Meinungen in den Mittelpunkt stellt und die Hörer das Meinungsspektrum um ihre Meinungen erweitern oder beipflichten können. Vormittags erfolge die Hörerbeteiligung besonders zu serviceorientierten Themen. Das Info-Magazin am Mittag sei für Hörerbeteiligung hingegen wenig geeignet, ebenso wie das Talk-Format „Mensch Otto" am Abend. Bestenfalls werde am Ende der Mittagssendung über ein Thema informiert, zu dem sich die Hörer dann in der darauffolgenden Sendung zwischen 13:00 Uhr und 16:00 Uhr äußern können. Auch die Sendung „Extra" ab 16:00

Uhr biete den Hörern eine Talk-Fläche sowie laut Wenger in besonderem Maße die Sendung „Matuschke" ab 20:00 Uhr.

Zum Selbstverständnis von Bayern 3 als Dienstleister gehören für Wenger auch die Erfüllung von Musikwünschen und das Senden von Hörer-Grüßen. Diese würden gesammelt und als Alternative parallel zur Fußball-Bundesliga am Wochenende (Samstag, 16:00 Uhr bis 20:00 Uhr) ausgestrahlt werden.

Dass Hörer als Werbeträger eingebunden werden, ist für Wenger selbstverständlich. Allerdings binde Bayern 3 in diesem Zusammenhang nicht ausschließlich positive Rückmeldungen der Hörer ein, sondern – im Gegensatz zu den Privatsendern – auch kritische Bemerkungen. Andernfalls würde die Glaubwürdigkeit des öffentlich-rechtlichen Programmes von Bayern 3 leiden.

4.4 Hörerbeteiligung bei Radio Bamberg

Radio Bamberg hat am analysierten Tag sowohl zwischen 00:00 Uhr und 05:30 Uhr als auch zwischen 21:30 Uhr und 24:00 Uhr das Mantelprogramm der BLR übernommen und in dieser Zeit kein eigenes Programm aus den Bamberger Studios gesendet. Eine Abweichung vom normalen Sendebetrieb gab es zwischen 19:00 Uhr und 21:30 Uhr. In diesem Zeitraum wurde zum einen das Spiel der Brose Baskets Bamberg im Play-Off-Viertelfinale der BEKO BBL Basketball-Meisterschaft nahezu komplett live übertragen; zum anderen gab es aktuelle Zwischenstände vom Fußball-Bayernliga-Spiel des FC Eintracht Bamberg in Live-Einblendungen.

4.4.1 Ergebnisse der Inhaltsanalyse

Radio Bamberg beteiligt in den analysierten 24 Stunden 18-mal seine Hörer am Programm; im Bereich der Moderationen und Beiträge beträgt der Anteil der Wortbeiträge mit Hörerbeteiligung 14%. Die Sendung, die sich durch einen vergleichsweise hohen Anteil von Hörerbeteiligung auszeichnet, ist die Morgensendung „Perfekt geweckt – vom Aufstehen bis 10" zwischen 06:00 Uhr und 10:00 Uhr, in der insgesamt 6-mal Hörer beteiligt werden. Regelmäßigkeiten im Einsatz von Hörerbeteiligung im Tagesverlauf sind im Programm von Radio Bamberg am analysierten Sendetag nicht zu erkennen (vgl. Abbildung 10); auffällig ist lediglich, dass es in den Abendstunden zwischen 18:00 Uhr und

24:00 Uhr keinen einzigen Fall von Hörerbeteiligung gibt; das liegt bis 21:30 Uhr weitestgehend an den Sport-Live-Einblendungen.

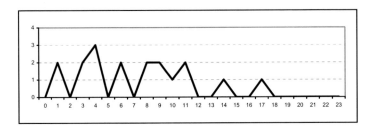

Abbildung 10: Häufigkeit der Hörerbeteiligung im Tagesverlauf, Radio Bamberg

Radio Bamberg stützt sich in seinem Programm hauptsächlich auf die direkte Beteiligungsart: hier ist ein deutliches Ungleichgewicht von 89% zu 11% indirekter Beteiligung zu erkennen (vgl. Abbildung 11).

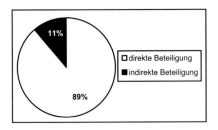

Abbildung 11: Verteilung der direkten und indirekten Hörerbeteiligung, Radio Bamberg

Die Facebook-Seite von Radio Bamberg spielt für die Hörerbeteiligung im Programm am analysierten Sendetag kaum eine Rolle: lediglich einmal werden Hörer über das soziale Netzwerk indirekt beteiligt (vgl. Abbildung 12). Ebenso wird nur einmal auf E-Mails der Hörer eingegangen. Führend ist bei der Beteiligungstechnik von Radio Bamberg mit zwei Dritteln der Fälle die Straßenbefragung. Telefongespräche sind in 17% der Hörerbeteiligungen der gewählte Beteiligungsweg und kommen ausschließlich in den Sendungen vor, die aus den Bamberger Studios gesendet werden. Das legt die Vermutung nahe, dass sich im Mantelprogramm generell von Telefongesprächen mit Hörern bzw. Call-Ins distanziert wird, da dieses Programm von mehreren Sendern übernommen und deshalb nicht auf das Sendegebiet eines einzigen Senders zugeschnitten wird.

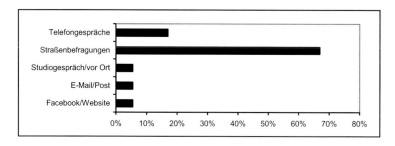

Abbildung 12: Häufigkeitsverteilung der Beteiligungstechniken, Radio Bamberg

Gewinnspiele oder Quiz gibt es während der analysierten Sendestunden bei Radio Bamberg nicht. Ein Musikwunsch bzw. Gruß wird nur einmal gesendet. Mit insgesamt 16 Zählungen, das entspricht einem Wert von 89%, überwiegt auch bei Radio Bamberg der Bereich Meinungsäußerung/Hinweis. Als Werbeträger werden Hörer am Analysetag lediglich einmal genutzt; Beratungen mit Hörerbeteiligung kommen nicht vor.

4.4.2 Ergebnisse des Experteninterviews

Als Experte für das Programm von Radio Bamberg wurde Marcus Appel, leitender Redakteur von Radio Bamberg, interviewt. Das komplette Interview ist Anlage 8 zu entnehmen.

Appel schätzt Hörerbeteiligung bei Radio Bamberg als überaus wichtig ein und nennt dafür folgende Gründe bzw. Ziele, die der Sender durch eine Beteiligung der Hörer erreichen will:

- Informationen von Hörern für Hörer (z.B. Verkehrs- und Blitzermeldungen)
- Die authentische, lebendige, unterhaltsame, „rundere" Anmutung des Programms
- Darstellung kontroverser Meinungen der Hörer

> „Radio lebt davon. Zum einen ist es unterhaltsam, wenn du Hörer on-air hast, es kann durchaus lustig sein mit Hörern on-air, es kann aber auch interessant sein. Du hast dein Lokalkolorit, weil du natürlich Viele zwangsläufig aus der Region hast – also aus Bamberg oder aus dem Landkreis – und du hast Infos von Hörer für Hörer."

Gerade Verkehrs- oder Blitzermeldungen, die Hörer als Tipps durchgeben, haben für Appel einen hohen Stellenwert, da er als Programmverantwortlicher auf diese Elemente immer wieder von anderen Hörern angesprochen werde und sie als einen zusätzlichen Informationswert im Programm sehe. Für „hoch emotionale" Themen, die im Programm von Radio Bamberg kontrovers aufgearbeitet werden sollen, eigne sich Hörerbeteiligung sehr gut. Gerade Themen, die Menschen emotional bewegen, würden viele Hörer dazu bringen, sich zu beteiligen. Ebenso sieht Appel unterhaltsame, einfache Spiele, die nicht zwangsläufig mit einem Gewinn verbunden sind, als fördernd für die Beteiligung von Hörern. Als Beispiel verweist er auf ein Spiel aus einer seiner eigenen Sendungen, in dem Hörer kurze Filmsequenzen dem jeweiligen Filmtitel zuordnen müssen.

> *„Da habe ich gemerkt, dass das eine Wahnsinnsresonanz ist. Für nichts. Das finde ich absolut faszinierend und das funktioniert immer. Stell den Leuten irgendein Rätsel, wo jeder, aber auch jeder, mitdenken kann oder auch mitmachen kann, dann wird sowas im Grunde spannend bei Hörerbeteiligung."*

Auf die Hörerbindung hätten solche und andere Formen der Hörerbeteiligung laut Appel einen wichtigen Einfluss. Er habe die Erfahrung gemacht, dass Hörer, die sich bereits vor Jahren im Programm von Radio Bamberg beteiligt haben, immer wieder die Möglichkeiten der Hörerbeteiligung des Senders nutzen.

> *„Klar, die gehen nachher heim oder gehen in die Arbeitsstätte und dann sagen die Kollegen: Mensch, ich hab dich heute Morgen schon wieder im Radio gehört. Das ist für die natürlich auch toll. Ich glaube, das macht schon was aus."*

Ebenso würden für die Hörerbindung auch Führungen durch das Funkhaus mit einem Kennenlernen der Moderatoren eine wichtige Rolle spielen.

Radio Bamberg ist der einzige Sender, in dem es eine Vorgabe der Geschäftsführung für die Häufigkeit von Hörerbeteiligung gibt. Laut Appel wurde festgelegt, dass zweimal stündlich Hörer im Programm beteiligt werden sollen. Das sei keine strikte Regel, sondern eine grobe Richtlinie, da besonders in Sondersendungen die Zeit dafür fehle. Am analysierten Sendetag wird diese Richtlinie lediglich in vier Sendestunden, die aus den Bamberger Studios gesendet werden, befolgt. Das liege nach Meinung von Appel hauptsächlich daran, dass es keinen Verantwortlichen gebe, der die Einhaltung dieser Richtlinie überwacht.

> *„Wenn man Vorgaben hätte, die bindend sind [...] dann würde das wahrscheinlich umgesetzt werden. Also du brauchst auch jemanden, der das überprüft. Das ist bei uns nicht der Fall. Bei uns ist der Moderator verantwortlich für die Sendung und wenn der jetzt eine andere Programmgestaltung hat [...], dann sind halt mal keine Hörer on-air."*

Außerdem gelte bei Radio Bamberg der Grundsatz, dass Hörergespräche so kurz wie möglich durchgeführt werden sollen; ein Gespräch über mehrere Minuten sei laut Appel tabu. Ob diese Gespräche vorher aufgezeichnet werden oder tatsächlich live sind, obliege der Entscheidung des jeweiligen Moderators und sei an keine Vorschrift gebunden.

Eine häufigere Beteiligung von Hörern im Mantelprogramm der BLR, in dem am analysierten Sendetag insgesamt sieben Beteiligungen gezählt wurden, hält Appel für nicht erforderlich. Nach seiner Wahrnehmung gebe es abends und nachts bei anderen Sendern häufig Sendungen, die nicht vorrangig auf Hörerbeteiligung sondern auf die Persönlichkeit und spezielle Art des Moderators bauen.

> *„Die Hörerbeteiligung finde ich tagsüber viel relevanter, während du die Zuhörer hast, als nach 19 Uhr, wenn im Grunde die meisten Leute vor dem Fernseher hocken."*

4.5 Hörerbeteiligung bei Radio Galaxy Bamberg/Coburg

Wie in Kapitel 3.1.5 beschrieben wird aus dem Bamberger Studio wochentags in der Regel vier Stunden lang gesendet; in der restlichen Zeit wird das Galaxy-Mantelprogramm aus Regensburg übernommen. Am Analysetag wurde diese Übernahme allerdings um zwei weitere Stunden verkürzt, da zwischen 19:00 Uhr und 21:00 Uhr wie bei Radio Bamberg das Viertelfinal-Spiel der Brose Baskets Bamberg in der BEKO BBL Basketball-Meisterschaft live übertragen wurde.

Im Mantelprogramm von Radio Galaxy werden wochentags lediglich zwei Sendungen pro Tag moderiert; in den restlichen Stunden werden Musik, Jingles, Promo-Spots und produzierte Beiträge gesendet. Deshalb ist die Anzahl der Wortbeiträge in den analysierten Sendestunden zwischen 00:00 Uhr und 06:00 Uhr, 10:00 Uhr und 12:00 Uhr sowie 21:00 bis 24:00 Uhr sehr gering.

4.5.1 Ergebnisse der Inhaltsanalyse

Auffällig beim Betrachten der Hörerbeteiligung im Tagesverlauf (vgl. Abbildung 13) ist, dass im Mantelprogramm in jeder moderierten Sendestunde mindestens einmal Hörer beteiligt werden. In der Sendung „Galaxy p.m.", die aus den Bamberger Studios gesendet wird, gilt diese Regelmäßigkeit nicht. Die Häufigkeitsverteilung der Hörerbeteiligung zwischen 12:00 Uhr und 15:00 Uhr ist unerwartet niedrig, da für diesen Zeitraum eigens eine „interaktive Nachmittagsshow" eingeführt wurde; am analysierten Sendetag war die Beteiligung von Hörern in dieser Sendung nicht größer als in der Morgensendung. Diese wiederum ist mit sieben Hörerbeteiligungen die Sendung, in der am häufigsten Hörer beteiligt werden.

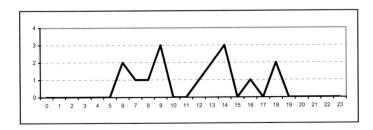

Abbildung 13: Häufigkeit der Hörerbeteiligung im Tagesverlauf, Radio Galaxy Bamberg/Coburg

Bei Radio Galaxy Bamberg/Coburg überwiegt am analysierten Sendetag in der Beteiligungsart die direkte Beteiligung mit mehr als zwei Dritteln gegenüber der indirekten Beteiligung (vgl. Abbildung 14). Das überrascht, da die Zielgruppe der Jugendlichen (im Alter von 14 bis 29 Jahren) als besonders Internet-affin gilt.[158]

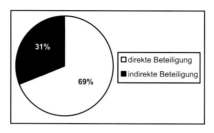

Abbildung 14: Verteilung der direkten und indirekten Hörerbeteiligung, Radio Galaxy Bamberg/Coburg

In der Beteiligungstechnik sind Telefongespräche mit 38% die häufigste Art und Weise, Hörer in die Sendungen einzubinden (vgl. Abbildung 15). Die direkte Beteiligungsart der Straßenbefragungen sowie die indirekte Form über die Facebook-Seiten bzw. die Websites von Radio Galaxy und Radio Galaxy Bamberg/Coburg liegen mit jeweils 19% gleichauf. Damit ist Radio Galaxy Bamberg/Coburg derjenige Sender, der Kommentare seiner Hörer auf der jeweiligen Facebook-Seite oder Website im Vergleich zu den andern analysierten Sendern prozentual am häufigsten in das Programm einfließen lässt. Studiogespräche bzw. Gespräche vor Ort und die Beteiligungstechnik über E-Mails bzw. Post werden mit jeweils 12% gleich häufig genutzt.

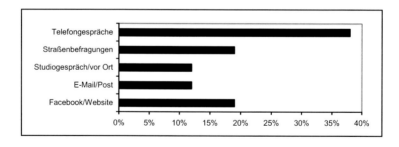

Abbildung 15: Häufigkeitsverteilung der Beteiligungstechniken, Radio Galaxy Bamberg/Coburg

---

[158] Vgl. STATISTA, Stand: 29.06.2012

Im Beteiligungsthema wird auch bei Radio Galaxy Bamberg/Coburg in den analysierten Stunden der Bereich Meinungsäußerung/Hinweis mit 69% am häufigsten eingesetzt. Dahinter rangieren Gewinnspiele bzw. Quiz mit 19%; Musikwünsche/Grüße und Hörer als Werbeträger werden jeweils einmal eingesetzt; das entspricht einem Wert von jeweils 6%. Beratungen der Hörer erfolgen am Analysetag nicht.

4.5.2 Ergebnisse der Experteninterviews

Um die Hintergründe des Einsatzes von Hörerbeteiligung bei Radio Galaxy Bamberg/Coburg zu erforschen, wurden insgesamt drei Experteninterviews geführt. Im Folgenden wird nach der lokalen bzw. überregionalen Verbreitung des Programms von Radio Galaxy unterschieden. Für die Aussagen zu dem überregionalen Mantelprogramm wurden Detlef Kapfinger, der On Air Director von Radio Galaxy Bayern, und Florian Wein, der Moderator der Sendung „U – die interaktive Nachmittagsshow" interviewt. Die Aussagen zu dem Programm, das im Lokalstudio in Bamberg produziert wird (vorrangig die Sendung „Galaxy p.m.") hat Max Lotter, der Programmleiter des Bamberger Studios, getroffen.

4.5.2.1 Mantelprogramm

Sowohl Detlef Kapfinger (vgl. Anlage 9) als auch Florian Wein (vgl. Anlage 10) schätzen Hörerbeteiligung im Programm von Radio Galaxy als überaus wichtig ein. Beide nennen ähnliche Ziele, die mit der Beteiligung von Hörern verbunden werden:

- Das Programm durch Hörerbeteiligung beleben
- Das Programm authentischer und hörernäher gestalten
- Hörerbindung herstellen
- Die Verweildauer der Hörer steigern

> „Warum ist Hörerbeteiligung so wichtig? Weil der Hörer schlichtweg kein Interesse am Sender hat, sondern an seinem eigenen Leben, den persönlichen Zielen, Glück [...]. Den Hörer interessiert der Sender erstmal nicht. Er muss sich dort wiederfinden, er muss sich angesprochen fühlen und das ist das, was wir natürlich versuchen, mit der Themenansprache

> *[...]. Wir dürfen uns selber als Sender nicht so wichtig nehmen [...], weil das dem Hörer eigentlich egal ist."*
> *(Detlef Kapfinger)*

Als Beispiel für diese Programmphilosophie nennt Kapfinger den dänischen Sender „Klubben". Bei ihm stehe der Hörer mit seinen Erfahrungen und Erlebnissen im Mittelpunkt des Programms; das möchte Kapfinger auch mit Radio Galaxy erreichen. Das Programm solle hörernah, authentisch und „mitten im Leben unserer Hörer" sein. So könnten Hörer an das Programm gebunden werden; diese Bindung solle sich im Endeffekt positiv in guten Hörerzahlen der MA bzw. FAB[159] widerspiegeln. Laut Wein würden Hörer, die Gleichgesinnte im Radio hören, häufig lauter drehen und ihre Aufmerksamkeit beim Zuhören steigern. Auch das könne sich positiv auf die Hörerzahlen auswirken. Hörerbeteiligung sei somit nach Meinung beider Experten überaus wichtig für die Hörerbindung.

> *„Radio Galaxy hat immer ein offenes Ohr für die Bedürfnisse und Belange der Hörer. Wir helfen bei Problemen, erfüllen Songwünsche und bringen sogar Liebespaare zusammen. [...] Der Hörer soll ein Teil des Programms sein und sich so auch fühlen."*
> *(Florian Wein)*

Laut Kapfinger sei die Qualität der Hörerbeteiligung entscheidend. Die Teilnahme an einem Gewinnspiel durch direkte Beteiligung im Programm zähle für ihn weniger als beispielsweise eine Meinungsäußerung von Hörern oder das Offenlegen von Problemen aus ihrem Alltag. Das Ziel, die Hörer vor allem auf die letztgenannte Weise einzubinden, verfolge Radio Galaxy besonders mit dem eigens als „interaktive" Sendung benannten Format „U – die interaktive Nachmittagsshow". Diese Sendung wurde im Jahr 2000 unter dem Namen „U – gefragt bist du" als erste live moderierte Sendung in das sonst automatisierte Musikprogramm von Radio Galaxy aufgenommen.

---

[159] Neben der MA wird seit 1989 für die bayerischen Hörfunk- und Lokalfernsehprogramme einmal jährlich die Funkanalyse Bayern durchgeführt, in der die Reichweitendaten der lokalen Anbieter dargestellt werden, die in der MA nicht einzeln berücksichtigt werden.

> *„Weil wir einen Gegenpunkt setzen wollten. Damals waren wir ja wirklich nur automatisiert – da kamen nur Musik, Jingles und Promos – und das ist ein bisschen Plastik-Radio, Konserve. Da kommt vielleicht ganz gute Mucke, aber der Sender lebt nicht. Und wie kann der Sender leben? Indem wir Leben reinbringen. Und zwar das Leben von Leuten."*
>
> *(Detlef Kapfinger)*

Das „Leben von Leuten" sei thematisch das, was die Hörer am meisten bewege. Die Themen für die Sendung „U – die interaktive Nachmittagsshow" würden sich laut Wein nach ihrem Gesprächswert und ihrer Aktualität richten. Wenn die Redaktion bei der Themenauswahl hitzig diskutiere, sei das ein Indiz dafür, dass sich diese Themen meist auch als Diskussionsstoff mit Hörern eignen. Während der Sendung werde versucht, möglichst viele Hörer mit verschiedenen Meinungen zu beteiligen. Dass ein Thema polarisieren muss, ist für Kapfinger ein wichtiger Aspekt bei der Festlegung von Themen mit Hörerbeteiligung. Nur wenn ein Thema gegensätzliche Meinungen hervorruft, könnten Hörer überhaupt dazu gebracht werden, sich zu beteiligen.

> *„Aber die Bereitschaft, sich zu beteiligen, mit Internet, also Facebook, die ist ja gerade bei den Jüngeren viel, viel höher als bei den Älteren. Früher hat man Postkarten geschrieben, um sich am Gewinnspiel zu beteiligen. Jetzt bin ich sowieso am PC oder Smartphone und da mach ich da schnell mit."*
>
> *(Detlef Kapfinger)*

Um diese Online-Affinität der jungen Zielgruppe künftig noch besser zu nutzen, lässt Radio Galaxy derzeit eine Applikation für Smartphones entwickeln. Mit ihr sollen sich junge Hörer in Zukunft beispielsweise durch das Klicken eines Buttons an der Sendung „U – die interaktive Nachmittagsshow" beteiligen können. Dennoch sei die direkte Beteiligungsart für Kapfinger wichtiger als die indirekte; so lasse sich seiner Meinung nach das Ungleichgewicht zwischen direkter und indirekter Beteiligung bei Radio Galaxy in der vorliegenden Inhaltsanalyse erklären. Wein pflichtet ihm in diesem Zusammenhang bei.

> *„Wenn der Hörer selbst zu hören ist, hat die Meinung, die er vertritt, noch ein deutlicheres Gewicht. Er kann dadurch viel besser seine eigene Emotion, sein Gefühl, seine Stimmung über dieses Thema transportieren."*
>
> *(Florian Wein)*

Konkrete Regeln oder Richtlinien zur Häufigkeit des Einsatzes von Hörerbeteiligung gibt es bei Radio Galaxy nicht. Grundsätzlich gelte hier laut beiden Experten für jede Sendung das Motto: „So oft wie möglich." Dass Radio Galaxy dennoch derjenige Sender ist, der in der vorliegenden Inhaltsanalyse die geringste Hörerbeteiligung aufweist, hänge laut Kapfinger mit dem Sender-Budget und den daran ausgerichteten Moderationsschichten zusammen. Dadurch dass sowohl der Abend und die Nacht (19:00 Uhr bis 06:00 Uhr) als auch Teile des Tagesprogramms (10:00 Uhr bis 12:00 Uhr) automatisiert seien und nicht moderiert werden, bestehe nicht oft die Möglichkeit für Hörerbeteiligung in Wortbeiträgen. Auf das Nachmittagsprogramm der einzelnen „Galaxy-Cities" – z.B. auf das Programm aus dem Lokalstudio in Bamberg – haben die Verantwortlichen des Mantelprogramms keinen Einfluss.

4.5.2.2 Lokalstudio Bamberg

Max Lotter, der für das Lokalstudio von Radio Galaxy Bamberg/Coburg und für die wochentägliche Sendung „Galaxy p.m." zuständig ist, stuft Hörerbeteiligung als wichtig ein. Die Ziele, die speziell das Bamberger Lokalstudio mit Hörerbeteiligung in „Galaxy p.m." verfolgt, lassen sich zu folgenden zwei Punkten zusammenfassen:

- Verschiedene Meinungen der Hörer repräsentieren
- Hörerbindung schaffen

Allerdings sieht Lotter gerade in der jugendlichen Zielgruppe des Senders eine größere Herausforderung für die Beteiligung der Hörer.

> *„Ja, die Hemmschwelle bei einem 16- bis 18-Jährigen ist einfach deutlich größer, das Telefon in die Hand zu nehmen und anzurufen, als wenn man mal eben schnell über Facebook, wo man vielleicht die ganze Zeit drin ist oder das Handy zur Hand hat, einen Kommentar schreibt."*

Gleichwohl sei es für Lotter „deutlich schwieriger", Hörer indirekt statt direkt am Programm zu beteiligen. Deshalb gebe es speziell für die Sendung „Galaxy p.m." keine festen Richtlinien oder Regeln, die den Einsatz von Hörerbeteiligung betreffen. Dennoch werde laut Lotter auf Hörerbeteiligung großer Wert gelegt, da sie einen überaus wichtigen Bestandteil der Hörerbindung ausmache und Hörerbindung wiederum für gute Hörerzahlen in MA und FAB unentbehrlich sei.

> *"Natürlich kann Hörerbeteiligung nicht groß genug sein – umso mehr Hörer du on-air hast, umso geiler klingt das Ganze ja!"*

Lotter weist darauf hin, dass er auf die Häufigkeit von Hörerbeteiligung im Mantelprogramm von Radio Galaxy keinen Einfluss habe. Seiner Meinung nach seien die Sendungen aus Regensburg damit ausreichend bestückt; die Hörerbeteiligung sollte allerdings nicht weniger sein.

5 Ergebnis und Fazit

Die Beteiligung von Hörern im Programm spielt für alle befragten Programmverantwortlichen eine wichtige oder überaus wichtige Rolle. Überraschenderweise stehen dabei weniger die in Kapitel 2.3 beschriebenen Ziele, die in den bisherigen Untersuchungen zum Thema definiert werden, für die Programmverantwortlichen im Mittelpunkt. Lediglich die Ziele „Unterhaltung", „Authentizität" (in Kapitel 2.3 mit Glaubwürdigkeit gleichgesetzt) und „Popularitätsgewinne" (hierunter wird auch das Ziel des Steigerns der Verweildauer verstanden) lassen sich in den Aussagen der befragten Programmverantwortlichen wiederfinden. Die Ziele, die die einschlägige Fachliteratur aufführt, scheinen heutzutage von neuen Motivationen der Programmverantwortlichen überholt und ergänzt worden zu sein. Abbildung 16 gibt einen Überblick über die in den Experteninterviews genannten Ziele, die die Programmverantwortlichen mit Hörerbeteiligung verbinden. Grundlage dafür sind die Ergebnisse aus den Kapiteln 4.2.2, 4.3.2, 4.4.2 und 4.5.2.

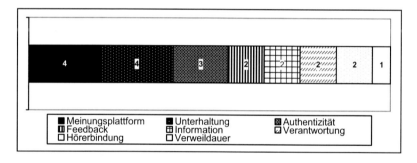

Abbildung 16: Ziele von Hörerbeteiligung, Häufigkeitsverteilung der genannten Antworten

Dass mit Hörern, die auf Sendung genommen werden, für die Programmverantwortlichen auch informative Zwecke verbunden sind, ist in der vorhandenen Literatur nicht explizit ausgeführt. Ebenso wenig wird die Feedback-Funktion, die Hörerbeteiligung für die Sender haben kann, genannt. Auch die Verantwortung gegenüber den Hörern als Gebührenzahler, die die Experten der beiden öffentlich-rechtlichen Sender in der Analyse als Ziel nennen, ist ein neuer Aspekt. Die Hörerbindung wird in den Expertenbefragungen lediglich zweimal explizit als Ziel genannt; allerdings schätzen alle Befragten die Hörerbeteiligung als wichtig oder überaus wichtig für die Hörerbindung ein.

Dass der Hörerbeteiligung in den analysierten Sendern ein hoher Stellenwert zukommt, zeigt sich an den Ergebnissen der vorliegenden Inhaltsanalyse. In den landesweiten Programmen werden Hörer am analysierten Sendetag 41-mal (Antenne Bayern), 43-mal (Bayern 1) und 57-mal (Bayern 3) beteiligt. Das ist besonders im Vergleich zu den Ergebnissen einer BLM-Studie von vor 22 Jahren (vgl. Kapitel 2.7.2) eine extreme Steigerung, da ähnliche Werte bei Antenne Bayern und Bayern 1 damals nicht an einem Tag sondern in einem Zeitraum von einer Woche gezählt wurden. Bayern 3 war damals mit nur 11 Beteiligungen von Hörern innerhalb einer Woche das Schlusslicht der Studie; in der vorliegenden Inhaltsanalyse führt Bayern 3 das Feld der Hörerbeteiligungen in absoluten Zahlen an. Die lokalen Programme Radio Bamberg und Radio Galaxy Bamberg/Coburg beteiligen – verglichen in absoluten Zahlen – wesentlich seltener Hörer in ihrem Programm; die Programmverantwortlichen führen das auf finanzielle Gründe (mehrstündige Automatisierungen des Mantelprogramms von Radio Galaxy) und eine fehlende Kontrollinstanz zurück. Dass die Programmverantwortlichen dieser Sender aber dennoch gewillt sind, möglichst viele Hörer am Programm zu beteiligen, zeigt sich bei Radio Galaxy Bamberg/Coburg an einer eigens als „interaktiv" betitelten Sendung im Mantelprogramm und bei Radio Bamberg an der groben Vorgabe von mindestens zwei Hörerbeteiligungen pro Sendestunde, die in den Bamberger Studios produziert wird. Radio Bamberg ist damit der einzige der analysierten Sender, der eine von der Geschäftsführung definierte Richtlinie für die Häufigkeit von Hörerbeteiligung im Programm hat.

Beteiligt werden die Hörer in allen analysierten Sendern am häufigsten in Meinungsäußerungen oder als Berater mit Tipps für andere Hörer (z.B. Blitzermeldungen); sie haben somit in den Programmen eine größere bzw. gewichtigere Plattform als noch in der angesprochenen BLM-Studie von 1990. Damals wurden Hörer am häufigsten über Musikwünsche beteiligt.

Die Risiken, die mit der Beteiligung medial unerfahrener Hörer verbunden sind, umgehen die analysierten Radiosender, indem Hörergespräche meist aufgezeichnet werden. Durch die technischen Möglichkeiten, während eines oder mehrerer Musiktitel das Gespräch mit Hörern unter Live-Bedingungen mitzuschneiden, lässt sich diese Aufzeichnung und ihre zeitversetzte Ausstrahlung innerhalb weniger Minuten realisieren.

5.1 Hörerbeteiligung – Strategie oder Willkür?

Hörerbeteiligung ist heute zu einem wichtigen Bestandteil des Programms von bayerischen Radiosendern geworden. Zwar gibt die vorliegende Inhaltsanalyse lediglich einen Überblick über die drei erfolgreichsten landesweiten Sender sowie zwei lokale Programme in Bayern, dennoch ist der Trend, Hörer aktiv am Programm zu beteiligen, klar zu erkennen – gerade auch, wenn man die Ergebnisse der vorliegenden Untersuchung mit den Ergebnissen der BLM-Studie aus dem Jahr 1990 vergleicht.

Hörerbeteiligung gehört – zumindest in den landesweiten Programmen sowie im bayernweiten Mantelprogramm von Radio Galaxy Bamberg/Coburg – zur Strategie der Sender zu zählen. Die Programmverantwortlichen verfolgen mit der Beteiligung von Hörern bestimmte Ziele. Es gibt Sendungen, die von den Programmverantwortlichen bewusst mit Hörerbeteiligung bestückt werden und Sendungen, in denen Hörerbeteiligung eher nicht geplant ist. Es gibt Tageszeiten, die je nach Philosophie des Senders mehr oder weniger für Hörerbeteiligung geeignet sind und ebenfalls in der Programmplanung für Formate mit Hörerbeteiligung berücksichtigt werden. Weniger Struktur haben dagegen die in den Bamberger Studios produzierten Programme von Radio Bamberg und der Sendung „Galaxy p.m." von Radio Galaxy Bamberg/Coburg. Zwar gibt es für Radio Bamberg eine von der Geschäftsführung definierte Richtlinie für den Einsatz von Hörerbeteiligung, deren Einhaltung aber nicht kontrolliert wird. Hier wurden am Analysetag Sendeplätze mit Hörerbeteiligung anscheinend willkürlich verteilt; ebenso wie in der aus Bamberg gesendeten Sendung „Galaxy p.m.".

Alles in allem nähern sich die analysierten Sender in Bayern der in der Radiotheorie von Bertolt Brecht postulierten Funktion als Kommunikationsapparat zumindest an. Radio ist mittlerweile zu einem großen Teil als Kommunikationsapparat zu verstehen. Durch ihn tun Hörer ihre Meinung kund und diskutieren mit dem Moderator und anderen Hörern. Radio übernimmt heute die von BRECHT geforderte Funktion „nicht nur auszusenden, sondern auch zu empfangen, also den Zuhörer nicht nur hören, sondern auch sprechen zu machen"[160]. Die Hoheit über die Auswahl der Themen, die zur Diskussion stehen, trifft aber nach wie vor der Sender. Hörer haben wenig bis keinen Einfluss. Weiterhin treten Hörer vielfach als Gewinnspiel-Teilnehmer, Grüßende, Musik-Wünschende oder Werbeträger auf – auch daran zeigt sich die Relevanz von Hörerbeteiligung für die Radiomacher.

5.2 Ausblick

Die Aussagekraft der vorliegenden Untersuchung ist insofern begrenzt, als dass lediglich jeweils 24 Stunden der ausgewählten Sender analysiert wurden. Die Häufigkeitsverteilung von Elementen mit Hörerbeteiligung im Programm kann im Vergleich zu anderen Sendetagen gewissen Schwankungen unterliegen. Um an diese Analyse anzuknüpfen, wäre die Betrachtung einer ganzen Sendewoche mit ihren programmlichen Veränderungen im Sinne der Hörerbeteiligung an Werktagen und am Wochenende interessant. Ebenso könnten andere bayerische Lokalsender untereinander im Hinblick auf Hörerbeteiligung untersucht werden. Schließlich stellt sich die Frage, ob Sender in anderen Bundesländern ähnliche Entwicklungen bei der Hörerbeteiligung in ihren Programmen zeigen. Diesen Fragen könnte in nachfolgenden Studien nachgegangen werden.

---

[160] BRECHT, 1932, S.141

Literaturverzeichnis

1LIVE: Domian – Der Kult-Talk. http://www.einslive.de/sendungen/domian/, Stand: 06.05.2012.

AG.MA 2012 RADIONUTZUNG: Arbeitsgemeinschaft Media-Analyse. Charts MA 2012 Radio I. Radionutzung im Tagesverlauf. http://www.agma-mmc.de/files/ma2012RadioI.htm, Stand: 08.06.2012.

ANTENNE BAYERN SENDUNGEN: Antenne Bayern Programm - Sendungen. http://www.antenne.de/antenne/radio/sendungen/index.php, Stand: 11.06.2012.

ARD/ZDF-ARBEITSGRUPPE MARKETING: Was Sie über Rundfunk wissen sollten. Materialien zum Verständnis eines Mediums. VISTAS Verlag GmbH. Berlin. 1997.

ARD-CHRONIK: Chronik der ARD 1985. http://web.ard.de/ard-chronik/index/2689?year=1985&Ira[]=26, Stand: 15.05.2012.

ARNOLD, Bernd-Peter: ABC des Hörfunks. Reihe Praktischer Journalismus. Band 14. Verlag Ölschläger GmbH. München. 1991.

ASS BR1: ARD Sales & Services. Steckbrief Bayern 1. http://www.ass-radio.de/index.php?id=444, Stand: 14.05.2012.

ATTESLANDER, Peter: Methoden der empirischen Sozialforschung. 12. Auflage. Erich Schmidt Verlag GmbH & Co. Berlin. 2008.

B3-HISTORY: 30 Jahre Bayern 3. Geschichte – Überblick. http://www.b3-history.de/frameset.html, Stand: 17.05.2012.

BAYERN 1 SENDESCHEMA: Übersicht über das Programm von Bayern 1 von Freitag, den 08.06.2012 bis Sonntag, den 10.06.2012. http://www.br.de/radio/bayern1/programmkalender/bayern-eins114~_date-2012-06-09_-bca1f507da9b5a534ebfba8a02789068ac08cab9.html#, Stand: 11.06.2012.

BLM SENDERPROFIL ANTENNE: BLM – Antenne Bayern. http://www.blm.de/de/pub/radio___tv/radioprogramme/sender/antenne_bayern_.cfm, Stand: 16.05.2012.

BLM SENDERPROFIL BAMBERG: BLM – Radio Bamberg.
http://www.blm.de/de/pub/radio___tv/radioprogramme/sender/radio_bamberg.cfm,
Stand: 15.05.2012.

BLM SENDERPROFIL GALAXY BAMBERG: BLM – Radio Galaxy Bamberg.
http://www.blm.de/de/pub/radio___tv/radioprogramme/sender/radio_galaxy_bamberg.c fm, Stand: 15.05.2012.

BLM SENDERPROFIL GALAXY BAYERN: BLM – Radio Galaxy digital landesweit.
http://www.blm.de/de/pub/radio___tv/radioprogramme/sender/radio_galaxy_digital.cfm,
Stand: 16.05.2012.

BLM-SCHRIFTENREIHE 7A: Image und Akzeptanz des Hörfunks in Bayern 1989. Fortführungsstudie. München. 1989.

BLM-SCHRIFTENREIHE 9: Landesweiter Hörfunk in Bayern. Programm, Publikumswünsche und Bewertungen. Inhaltsanalyse, Image- und Akzeptanzstudie zu den Hörfunkprogrammen Antenne Bayern, Bayern 1 und Bayern 3. München. 1990.

BÖHME-DÜRR, Karin; GRAF, Gerhard (Hg.): Auf der Suche nach dem Publikum. Medienforschung für die Praxis. Universitätsverlag Konstanz GmbH. Konstanz. 1995.

BR-CHRONIK 1922-1932: Deutsche Stunde in Bayern – 1922 bis 1932.
http://www.br.de/unternehmen/inhalt/geschichte-des-br/br-chronik-deutsche-stunde-rundfunk100.html, Stand: 14.05.2012.

BR-CHRONIK 1933-1944: Rundfunk im Dritten Reich – 1933 bis 1944.
http://www.br.de/unternehmen/inhalt/geschichte-des-br/br-chronik-rundfunk-nationalsozialismus100.html, Stand: 14.05.2012.

BR-CHRONIK 1945-1952: Der Wiederaufbau 1945 bis 1952.
http://www.br.de/unternehmen/inhalt/geschichte-des-br/br-chronik-wiederaufbau-radio-munich100.html, Stand: 14.05.2012.

BR-CHRONIK 1970-1983: Konsolidierung und Ausbau – 1970 bis 1983.
http://www.br.de/unternehmen/inhalt/geschichte-des-br/br-chronik-konsolidierung-bayern-x100.html, Stand: 14.05.2012.

BR-CHRONIK 1984-2012: Der BR im Wettbewerb – 1984 bis heute.
http://www.br.de/unternehmen/inhalt/geschichte-des-br/br-chronik-wettbewerb-bx100.html, Stand: 14.05.2012.

BRECHT, Bertolt: Radiotheorie (1927-1932). Der Rundfunk als Kommunikationsapparat. Rede über die Funktion des Rundfunks. 1932. In: Schriften zur Literatur und Kunst. Band 1. Aufbau-Verlag Berlin und Weimar. 1966.

BRÜNJES, Stephan; WENGER, Ulrich: Radio-Report. Programme, Profile, Perspektiven. TR-Verlagsunion GmbH. München. 1998

BUCHER, Hans-Jürgen; KLINGLER, Walter; SCHRÖTER, Christian: Radiotrends. Formate, Konzepte und Analysen. Südwestfunk Schriftenreihe Medienforschung. Band 1. Nomos Verlagsgesellschaft. Baden-Baden. 1995.

DWDL: Jürgen Domian erhält Bundesverdienstkreuz. http://www.dwdl.de/nachrichten/475/jrgen_domian_erhlt_bundesverdienstkreuz/, Stand: 06.05.2012.

FAB 2011: Lokale Funkplanungsdaten Bayern 2011/2012. TNS Infratest Media Research. Bayerische Landeszentrale für neue Medien. München. 2011.

FAB 2011 ONLINE: Funkanalyse Bayern 2011. Hördauer/Marktanteile Bayern gesamt. http://funkanalyse.tns-infratest.com/2011/1_hf/2bayerng/1basis.pdf, Stand: 17.05.2012.

HAAS, Michael H.; FRIGGE, Uwe; ZIMMER, Gert: Radio-Management. Ein Handbuch für Journalisten. Reihe Praktischer Journalismus. Band 13. Verlag Ölschläger GmbH. München. 1991.

HALEFELDT, Horst O.: Programmgeschichte des Hörfunks. Vom Leitmedium zum Tagesbegleiter: Hörfunk 1949-1998. In: WILKE, Jürgen (Hrsg.): Mediengeschichte der Bundesrepublik Deutschland. Schriftenreihe Band 361. Bundeszentrale für politische Bildung. Böhlau Verlag, Köln. Bonn. 1999.

HORN, Wolfgang, PAUKENS, Hans: Hörfunkgespräche 1987. Beteiligung als Programm. Adolf-Grimme-Institut. Marl. 1988.

HRUBESCH, Nina: Das Digitale Ding aus einer Neuen Medienwelt – Kommunikation und HörerInnenbeziehungen in einem Multimedia-Radio. www.soz.uni-frankfurt.de/K.G/B2_2004_hrubesch.pdf, Stand: 10.05.2012.

KIESSLING, Bernd: Hörerbeteiligung und Hörerkommunikation im kommerziellen Hörfunk. Eine medienpädagogisch und mediendidaktisch orientierte Kritik. In: Neue Sammlung (0028-3355). 37/2. Friedrich. 1997. S.331-340

KIESSLING, Bernd: Hörerbindung durch Hörerbeteiligung. Wirkungsmechanismen von Kommunikationsformaten im kommerziellen Hörfunk. In: Medien + Erziehung (0176-4918). 40/4. KoPaed, Kommunikation und Pädagogik e.V., 1996. S.235-241

KLAMMER, Bernd: Empirische Sozialforschung. Eine Einführung für Kommunikationswissenschaftler und Journalisten. UVK Verlagsgesellschaft mbH. Konstanz. 2005.

KÖLNER NEWSJOURNAL: Domian persönlich. http://www.koelner-newsjournal.de/veranstaltung/domian-persoenlich, Stand: 06.05.2012.

KRAUSE, Daniel: Beratung, Therapie oder doch bloß „Show"? Motivationen und Gratifikationen von *Domian*-Anrufern. Inaugural-Dissertation zur Erlangung des Doktorgrades der Philosophischen Fakultät der Westfälischen Wilhelms-Universität zu Münster. 2006.

KROMREY, Helmut: Empirische Sozialforschung. Modelle und Methoden der standardisierten Datenerhebung und Datenauswertung. 11., überarbeitete Auflage. Lucius & Lucius Verlagsgesellschaft mbH. Stuttgart. 2006.

LYNEN, Patrick: Das wundervolle Radiobuch. Moderne Moderation im Radio – Persönlichkeit, Kommunikation, Motivation. 3., überarbeitete und aktualisierte Auflage. Baden-Baden. 2010.

MA 2012 RADIO I: Werbeträgerreichweiten. Bruttokontaktsumme je durchschnittlicher Stunde montags bis freitags 06:00 bis 18:00 Uhr. http://www.reichweiten.de, Stand: 14.05.2012.

MDR JUMP: MDR JUMP Community Show. http://www.jumpradio.de/web/information/inhalt/community_show.shtml, Stand: 10.05.2012.

MEYER, Jens-Uwe: Radio-Strategie. Praktischer Journalismus. Band 75. UVK Verlagsgesellschaft mbH. Konstanz. 2007.

NEUMANN-BRAUN, Klaus. Rundfunkunterhaltung. Zur Inszenierung publikumsnaher Kommunikationsereignisse. Gunter Narr Verlag Tübingen. Tübingen. 1993.

ORIANS, Wolfgang: Hörerbeteiligung im Radio. Eine Fallstudie zu Motivation, Erwartung und Zufriedenheit von Anrufern. Reihe Medien-Skripten. Band 10. Verlag Reinhard Fischer. München. 1991.

RACKWITZ, Roman: Independent Radio: Analyse zu den Erfolgschancen eines Zielgruppenformatradios in Deutschland. Diplomarbeit. GRIN Verlag. Norderstedt. 2007.

RADIO BAMBERG: Die Geschichte des lokalen Hörfunks in Bamberg. http://www.radio-bamberg.de/default.aspx?ID=4353, Stand: 15.05.2012.

RADIO BAMBERG WOCHENENDE: Programm von Radio Bamberg am Wochenende. http://www.radio-bamberg.de/default.aspx?ID=4334, Stand: 11.06.2012.

RADIO GALAXY: Radio Galaxy – Werbung buchen. http://www.radio-galaxy.de/info/werbung_buchen.html, Stand: 16.05.2012.

RADIO JOURNAL: Das Beste aus 20 Jahren Radio Journal. 1988: Ganz klar ein Grund zu feiern – 10 Jahre Antenne Bayern. http://www.radiojournal.de/1/15jahre-best-of/jubilaen/antennebayern/antennebayern.htm, Stand: 17.05.2012.

RADIOZENTRALE: Das Wochenende: Kaufentscheidungen in Wohlfühlatmosphäre. Studie des Radio Marketing Service (RMS). Hamburg. 2006. http://www.radiozentrale.de/site/439.0.html, Stand: 11.06.2012.

SCHANZE, Helmut: Handbuch der Mediengeschichte. Alfred Kröner Verlag. 2001. Stuttgart.

STATISTA: Internetnutzung in Deutschland im Jahr 2011 nach Alter. Umfrage. http://de.statista.com/statistik/daten/studie/152044/umfrage/internet-nutzung-nach-alter-in-deutschland/, Stand: 29.06.2012.

THOMAS, Carmen: Hallo Ü-Wagen. Rundfunk zum Mitmachen. Erlebnisse und Erfahrungen. Paul List Verlag GmbH & Co. KG. München. 1984.

TROESSER, Michael: Moderieren im Hörfunk. Handlungsanalytische Untersuchung zur Moderation von Hörfunksendungen des Westdeutschen Rundfunks mit Publikumsbeteiligung. Max Niemeyer Verlag. Tübingen. 1986.

VON LA ROCHE, Walther; BUCHHOLZ, Axel (Hrsg.): Radio-Journalismus. Ein Handbuch für Ausbildung und Praxis im Hörfunk. 8., völlig neu bearbeitete Auflage. Paul List Verlag. Berlin. 2004.

WDR: Westdeutscher Rundfunk (WDR). http://www.ard.de/intern/mitglieder/wdr/-/id=54718/1e212dh/index.html, Stand: 11.05.2012.

WINTER, Rainer; ECKERT, Roland: Mediengeschichte und kulturelle Differenzierung. Zur Entstehung und Funktion von Wahlnachbarschaften. Leske + Budrich. Opladen. 1990.

Anlagen

Anlage 1: Codesheets zur Auswertung von Antenne Bayern

Sender: Antenne Bayern
Datum: 15. Mai 2012

Sendestunde: 00:00-01:00
Sendungstitel: Die bayerische Nacht

Beitrags-typ	Inhalt des Beitrags	Beteili-gungsart	Beteili-gungs-technik	Beteili-gungs-thema
1	1	3	-	-
1	2	3	-	-
2	6	3	-	-
2	6	3	-	-
2	5	3	-	-
2	6	3	-	-
2	6	3	-	-
2	5	3	-	-
1	2	3	-	-
1	2	3	-	-
2	5	3	-	-
2	6	3	-	-
2	5	3	-	-
2	6	3	-	-
2	5	3	-	-
2	6	3	-	-
1	2	3	-	-

Sendestunde: 01:00-02:00
Sendungstitel: Die bayerische Nacht

Beitrags-typ	Inhalt des Beitrags	Beteili-gungsart	Beteili-gungs-technik	Beteili-gungs-thema
1	1	3	-	-
1	2	3	-	-
2	6	3	-	-
2	5	3	-	-
2	6	3	-	-
2	6	3	-	-
2	5	3	-	-
1	2	3	-	-
1	2	3	-	-
2	5	3	-	-
2	6	3	-	-
2	6	3	-	-
2	5	3	-	-
1	2	3	-	-

Sendestunde: 02:00-03:00
Sendungstitel: Die bayerische Nacht

Beitrags-typ	Inhalt des Beitrags	Beteili-gungsart	Beteili-gungs-technik	Beteili-gungs-thema
1	1	3	-	-
1	2	3	-	-
2	6	3	-	-
2	6	3	-	-
2	5	3	-	-
2	6	3	-	-
2	5	3	-	-
1	2	3	-	-
1	2	3	-	-
2	5	3	-	-
2	5	3	-	-
2	5	3	-	-
2	6	3	-	-
2	6	3	-	-
1	2	3	-	-

Sendestunde: 03:00-04:00
Sendungstitel: Die bayerische Nacht

Beitrags-typ	Inhalt des Beitrags	Beteili-gungsart	Beteili-gungs-technik	Beteili-gungs-thema
1	1	3	-	-
1	2	3	-	-
2	6	3	-	-
2	6	3	-	-
2	6	3	-	-
2	5	3	-	-
1	2	3	-	-
1	2	3	-	-
2	5	3	-	-
2	6	3	-	-
2	5	3	-	-
2	6	3	-	-
2	5	3	-	-
1	2	3	-	-

Sendestunde: 04:00-05:00
Sendungstitel: Die bayerische Nacht

Beitrags-typ	Inhalt des Beitrags	Beteili-gungsart	Beteili-gungs-technik	Beteili-gungs-thema
1	1	1	2	3
1	2	3	-	-
2	6	3	-	-
2	6	3	-	-
2	5	3	-	-
2	6	3	-	-
2	6	3	-	-
2	5	3	-	-
1	2	3	-	-
1	1	3	-	-
1	2	3	-	-
2	5	3	-	-
2	6	3	-	-
2	5	3	-	-
2	6	3	-	-
2	6	3	-	-
2	6	3	-	-
2	6	3	-	-
1	2	3	-	-

Sendestunde: 05:00-06:00
Sendungstitel: Guten Morgen Bayern

Beitrags-typ	Inhalt des Beitrags	Beteili-gungsart	Beteili-gungs-technik	Beteili-gungs-thema
1	1	1	2	3
1	2	3	-	-
1	3	3	-	-
2	6	3	-	-
1	2	3	-	-
1	4	3	-	-
2	5	3	-	-
1	2	3	-	-
1	2	3	-	-
1	4	1	1	1
2	6	3	-	-
1	2	3	-	-
1	1	1	2	3
1	2	3	-	-
1	3	3	-	-
2	6	3	-	-
1	3	3	-	-
1	2	3	-	-
1	4	3	-	-
2	5	1	2	5
1	3	3	-	-
1	2	3	-	-
1	2	3	-	-
1	4	3	-	-
2	6	3	-	-
2	5	3	-	-
1	2	3	-	-

Sendestunde: 06:00-07:00
Sendungstitel: Guten Morgen Bayern

Beitrags-typ	Inhalt des Beitrags	Beteili-gungsart	Beteili-gungs-technik	Beteili-gungs-thema
1	1	3	-	-
1	2	3	-	-
1	3	3	-	-
2	6	3	-	-
1	2	3	-	-
1	4	3	-	-
2	5	3	-	-
1	2	3	-	-
1	2	3	-	-
1	4	3	-	-
2	5	3	-	-
1	2	3	-	-
1	1	1	2	3
1	2	3	-	-
1	3	3	-	-
2	6	3	-	-
1	2	3	-	-
1	4	3	-	-
2	5	1	2	5
1	2	3	-	-
1	2	3	-	-
1	4	3	-	-
2	6	3	-	-
1	4	3	-	-
1	2	3	-	-

Sendestunde: 07:00-08:00
Sendungstitel: Guten Morgen Bayern

Beitrags-typ	Inhalt des Beitrags	Beteili-gungsart	Beteili-gungs-technik	Beteili-gungs-thema
1	1	1	2	3
1	2	3	-	-
1	3	3	-	-
1	2	2	4	4
1	4	3	-	-
2	5	3	-	-
1	2	3	-	-
1	2	3	-	-
1	4	3	-	-
2	6	3	-	-
1	2	3	-	-
1	1	1	2	3
1	2	3	-	-
1	3	3	-	-
1	4	3	-	-
1	3	3	-	-
2	5	1	2	5
1	4	3	-	-
1	2	3	-	-
1	4	1	1	4
2	6	3	-	-
2	5	3	-	-
1	2	3	-	-

Sendestunde: 08:00-09:00
Sendungstitel: Guten Morgen Bayern

Beitrags-typ	Inhalt des Beitrags	Beteili-gungsart	Beteili-gungs-technik	Beteili-gungs-thema
1	1	3	-	-
1	2	3	-	-
1	3	1	1	2
2	5	3	-	-
1	4	1	1	1
2	5	3	-	-
1	2	3	-	-
1	1	3	-	-
1	2	3	-	-
1	3	3	-	-
2	6	3	-	-
1	4	3	-	-
2	5	1	2	5
2	6	3	-	-
2	5	3	-	-
1	2	3	-	-

Sendestunde: 09:00-10:00
Sendungstitel: Antenne Bayern bei der Arbeit

Beitrags-typ	Inhalt des Beitrags	Beteili-gungsart	Beteili-gungs-technik	Beteili-gungs-thema
1	1	3	-	-
1	2	3	-	-
1	3	3	-	-
2	6	3	-	-
1	3	3	-	-
2	6	3	-	-
2	6	3	-	-
1	2	3	-	-
1	1	3	-	-
1	2	3	-	-
2	5	3	-	-
2	6	3	-	-
2	6	3	-	-
1	4	2	4	4
2	6	3	-	-
2	6	3	-	-
1	3	3	-	-
1	2	3	-	-

Sendestunde: 10:00-11:00
Sendungstitel: Antenne Bayern bei der Arbeit

Beitrags-typ	Inhalt des Beitrags	Beteili-gungsart	Beteili-gungs-technik	Beteili-gungs-thema
1	1	3	-	-
1	2	3	-	-
1	3	3	-	-
2	6	3	-	-
2	6	3	-	-
1	4	3	-	-
2	6	3	-	-
2	6	3	-	-
1	2	3	-	-
1	1	3	-	-
1	2	3	-	-
2	5	3	-	-
2	6	3	-	-
1	4	3	-	-
2	5	3	-	-
2	6	3	-	-
2	6	3	-	-
1	2	3	-	-

Sendestunde: 11:00-12:00
Sendungstitel: Antenne Bayern bei der Arbeit

Beitrags-typ	Inhalt des Beitrags	Beteili-gungsart	Beteili-gungs-technik	Beteili-gungs-thema
1	1	3	-	-
1	2	3	-	-
1	3	3	-	-
2	6	3	-	-
1	4	3	-	-
2	5	3	-	-
2	5	3	-	-
1	2	3	-	-
1	1	3	-	-
1	2	3	-	-
2	5	3	-	-
2	6	3	-	-
1	4	3	-	-
2	6	3	-	-
2	6	3	-	-
2	6	3	-	-
1	2	3	-	-

Sendestunde: 12:00-13:00
Sendungstitel: Antenne Bayern bei der Arbeit

Beitrags-typ	Inhalt des Beitrags	Beteili-gungsart	Beteili-gungs-technik	Beteili-gungs-thema
1	1	3	-	-
1	2	3	-	-
1	3	3	-	-
2	6	3	-	-
1	4	3	-	-
2	5	3	-	-
2	6	3	-	-
1	4	3	-	-
1	2	3	-	-
1	1	3	-	-
1	2	1	1	3
2	5	3	-	-
1	2	3	-	-
2	6	3	-	-
1	4	3	-	-
2	6	3	-	-
1	2	3	-	-
1	2	3	-	-

Sendestunde: 13:00-14:00
Sendungstitel: Antenne Bayern bei der Arbeit

Beitrags-typ	Inhalt des Beitrags	Beteili-gungsart	Beteili-gungs-technik	Beteili-gungs-thema
1	1	3	-	-
1	2	3	-	-
1	3	3	-	-
2	6	3	-	-
1	4	3	-	-
2	6	3	-	-
2	5	3	-	-
1	2	3	-	-
1	1	3	-	-
1	2	3	-	-
2	5	3	-	-
2	5	3	-	-
1	4	1	1	3
2	6	3	-	-
1	2	3	-	-

Sendestunde: 14:00-15:00
Sendungstitel: Antenne Bayern bei der Arbeit

Beitrags-typ	Inhalt des Beitrags	Beteili-gungsart	Beteili-gungs-technik	Beteili-gungs-thema
1	1	3	-	-
1	2	1	1	3
1	3	3	-	-
2	6	3	-	-
2	6	3	-	-
1	4	3	-	-
1	2	3	-	-
1	1	3	-	-
1	2	1	1	3
2	5	3	-	-
2	6	3	-	-
1	4	3	-	-
2	6	3	-	-
2	6	3	-	-
1	3	3	-	-
1	2	3	-	-

Sendestunde: 15:00-16:00
Sendungstitel: Die Stefan Meixner Show

Beitrags-typ	Inhalt des Beitrags	Beteili-gungsart	Beteili-gungs-technik	Beteili-gungs-thema
1	1	3	-	-
1	2	1	1	3
1	3	3	-	-
2	6	3	-	-
1	4	3	-	-
2	6	3	-	-
1	4	3	-	-
2	5	3	-	-
1	2	3	-	-
1	1	3	-	-
1	2	1	1	3
2	5	3	-	-
1	4	2	5	3
2	5	3	-	-
1	2	3	-	-
2	6	3	-	-
1	2	3	-	-

Sendestunde: 16:00-17:00
Sendungstitel: Die Stefan Meixner Show

Beitrags-typ	Inhalt des Beitrags	Beteili-gungsart	Beteili-gungs-technik	Beteili-gungs-thema
1	1	3	-	-
1	2	3	-	-
1	3	3	-	-
1	4	3	-	-
2	6	3	-	-
1	4	3	-	-
1	4	3	-	-
1	2	3	-	-
1	1	3	-	-
1	2	1	1	3
2	6	3	-	-
1	4	3	-	-
1	3	3	-	-
1	2	3	-	-

Sendestunde: 17:00-18:00
Sendungstitel: Die Stefan Meixner Show

Beitrags-typ	Inhalt des Beitrags	Beteili-gungsart	Beteili-gungs-technik	Beteili-gungs-thema
1	1	3	-	-
1	2	1	1	3
1	3	3	-	-
1	4	3	-	-
2	6	3	-	-
1	4	1	1	3
2	5	3	-	-
1	2	3	-	-
1	1	3	-	-
1	2	1	1	3
2	5	3	-	-
2	6	3	-	-
1	4	3	-	-
2	6	3	-	-
1	2	3	-	-
1	4	3	-	-
2	6	3	-	-
1	3	3	-	-
1	2	3	-	-

Sendestunde: 18:00-19:00
Sendungstitel: Die Stefan Meixner Show

Beitrags-typ	Inhalt des Beitrags	Beteili-gungsart	Beteili-gungs-technik	Beteili-gungs-thema
1	1	3	-	-
1	2	1	1	3
1	3	3	-	-
2	6	3	-	-
2	6	3	-	-
1	4	3	-	-
1	4	1	1	3
1	4	3	-	-
1	2	3	-	-
1	1	3	-	-
1	2	1	1	3
2	5	3	-	-
2	6	3	-	-
1	4	1	1	3
2	6	3	-	-
1	4	3	-	-
2	5	3	-	-
1	2	3	-	-

Sendestunde: 19:00-20:00
Sendungstitel: Die Stefan Meixner Show

Beitrags-typ	Inhalt des Beitrags	Beteili-gungsart	Beteili-gungs-technik	Beteili-gungs-thema
1	1	3	-	-
1	2	1	1	3
1	3	3	-	-
2	5	3	-	-
1	3	3	-	-
1	4	1	1	2
2	5	3	-	-
2	5	3	-	-
1	2	3	-	-
1	2	3	-	-
2	5	3	-	-
2	6	3	-	-
2	5	3	-	-
1	4	3	-	-
1	2	3	-	-

Sendestunde: 20:00-21:00
Sendungstitel: Von 8 vor 8 bis Mitternacht

Beitrags-typ	Inhalt des Beitrags	Beteili-gungsart	Beteili-gungs-technik	Beteili-gungs-thema
1	1	1	2	3
1	2	3	-	-
1	3	3	-	-
2	6	3	-	-
1	4	1	1	3
2	5	3	-	-
1	4	3	-	-
1	4	3	-	-
1	2	3	-	-
1	2	3	-	-
2	5	3	-	-
2	6	3	-	-
1	4	2	4	3
1	4	3	-	-
2	5	3	-	-
2	6	3	-	-
2	5	3	-	-
1	2	3	-	-

Sendestunde: 21:00-22:00
Sendungstitel: Von 8 vor 8 bis Mitternacht

Beitrags-typ	Inhalt des Beitrags	Beteili-gungsart	Beteili-gungs-technik	Beteili-gungs-thema
1	1	3	-	-
1	2	3	-	-
1	3	3	-	-
2	6	3	-	-
1	4	1	1	3
2	6	3	-	-
2	6	3	-	-
2	5	3	-	-
1	2	3	-	-
1	2	3	-	-
2	5	3	-	-
2	6	3	-	-
1	4	3	-	-
2	5	3	-	-
1	4	2	5	3
2	5	1	1	5
1	4	3	-	-
1	2	3	-	-

Sendestunde: 22:00-23:00
Sendungstitel: Von 8 vor 8 bis Mitternacht

Beitrags-typ	Inhalt des Beitrags	Beteili-gungsart	Beteili-gungs-technik	Beteili-gungs-thema
1	1	3	-	-
1	2	3	-	-
1	3	3	-	-
2	6	3	-	-
2	6	3	-	-
1	4	1	1	3
2	6	3	-	-
2	5	3	-	-
1	4	3	-	-
1	4	3	-	-
1	2	3	-	-
1	2	3	-	-
2	5	3	-	-
2	6	3	-	-
1	3	3	-	-
1	4	3	-	-
2	5	3	-	-
2	5	3	-	-
1	2	3	-	-

Sendestunde: 23:00-24:00
Sendungstitel: Von 8 vor 8 bis Mitternacht

Beitrags-typ	Inhalt des Beitrags	Beteili-gungsart	Beteili-gungs-technik	Beteili-gungs-thema
1	1	3	-	-
1	2	3	-	-
2	6	3	-	-
2	6	3	-	-
1	4	3	-	-
2	5	3	-	-
1	2	3	-	-
1	2	3	-	-
2	5	3	-	-
2	6	3	-	-
1	4	1	1	3
2	5	3	-	-
2	6	3	-	-
1	2	3	-	-

Anlage 2: Codesheets zur Auswertung von Bayern 1

Sender: Bayern 1
Datum: 15. Mai 2012

Sendestunde: 00:00-01:00
Sendungstitel: Die ARD-Hitnacht

Beitrags-typ	Inhalt des Beitrags	Beteili-gungsart	Beteili-gungstechnik	Beteili-gungsthema
1	1	3	-	-
1	2	3	-	-
1	2	3	-	-
1	3	3	-	-
2	6	3	-	-
1	4	3	-	-
1	2	3	-	-
1	2	3	-	-
2	6	3	-	-
1	4	3	-	-
1	2	3	-	-
1	4	3	-	-
1	2	3	-	-
1	3	3	-	-
1	4	3	-	-
1	2	3	-	-
1	4	1	1	1
1	4	3	-	-

Sendestunde: 01:00-02:00
Sendungstitel: Die ARD-Hitnacht

Beitrags-typ	Inhalt des Beitrags	Beteili-gungsart	Beteili-gungstechnik	Beteili-gungsthema
1	1	3	-	-
1	2	3	-	-
1	2	3	-	-
1	3	3	-	-
1	2	3	-	-
1	4	3	-	-
1	4	3	-	-
1	4	1	1	1
1	2	3	-	-
1	3	3	-	-
1	4	2	4	1
1	2	3	-	-
1	4	1	1	1
1	4	1	1	1

Sendestunde: 02:00-03:00
Sendungstitel: Die ARD-Hitnacht

Beitrags-typ	Inhalt des Beitrags	Beteili-gungsart	Beteili-gungstechnik	Beteili-gungsthema
1	1	3	-	-
1	2	3	-	-
1	2	3	-	-
1	3	3	-	-
1	4	3	-	-
1	3	3	-	-
1	4	3	-	-
1	2	3	-	-
1	3	3	-	-
1	4	3	-	-
1	4	3	-	-
1	4	3	-	-
1	3	3	-	-

Sendestunde: 03:00-04:00
Sendungstitel: Die ARD-Hitnacht

Beitrags-typ	Inhalt des Beitrags	Beteili-gungsart	Beteili-gungstechnik	Beteili-gungsthema
1	1	3	-	-
1	2	3	-	-
1	2	3	-	-
1	3	3	-	-
1	4	3	-	-
1	4	3	-	-
1	2	3	-	-
1	2	3	-	-
1	3	3	-	-
1	2	3	-	-
1	4	3	-	-
1	4	2	4	3
1	2	3	-	-
1	4	3	-	-

Sendestunde: 04:00-05:00
Sendungstitel: Die ARD-Hitnacht

Beitrags-typ	Inhalt des Beitrags	Beteili-gungsart	Beteili-gungstechnik	Beteili-gungsthema
1	1	3	-	-
1	2	3	-	-
1	2	3	-	-
1	3	3	-	-
1	4	3	-	-
1	2	3	-	-
1	3	3	-	-
1	2	3	-	-
1	4	3	-	-
1	2	3	-	-
1	3	3	-	-
1	3	3	-	-
1	2	3	-	-
1	2	3	-	-
1	4	1	1	3
1	2	3	-	-
1	2	3	-	-
1	2	3	-	-
1	4	3	-	-
2	5	3	-	-

Sendestunde: 05:00-06:00
Sendungstitel: Der Morgen auf Bayern 1

Beitrags-typ	Inhalt des Beitrags	Beteili-gungsart	Beteili-gungstechnik	Beteili-gungsthema
1	1	3	-	-
1	2	3	-	-
1	2	3	-	-
1	3	3	-	-
1	4	1	2	3
1	4	3	-	-
1	4	1	2	3
1	4	3	-	-
1	1	3	-	-
1	2	3	-	-
1	2	3	-	-
1	3	3	-	-
1	4	1	2	3
1	4	3	-	-
1	4	3	-	-
1	2	3	-	-
1	4	3	-	-

Sendestunde: 06:00-07:00
Sendungstitel: Der Morgen auf Bayern 1

Beitrags-typ	Inhalt des Beitrags	Beteili-gungsart	Beteili-gungstechnik	Beteili-gungsthema
1	1	3	-	-
1	2	3	-	-
1	2	3	-	-
1	3	3	-	-
1	2	3	-	-
1	4	1	2	3
1	3	3	-	-
1	4	1	1	3
1	4	3	-	-
1	1	3	-	-
1	2	3	-	-
1	2	3	-	-
1	3	3	-	-
1	4	1	2	3
1	4	1	1	3
1	4	1	2	3
1	3	3	-	-

Sendestunde: 07:00-08:00
Sendungstitel: Der Morgen auf Bayern 1

Beitrags-typ	Inhalt des Beitrags	Beteili-gungsart	Beteili-gungstechnik	Beteili-gungsthema
1	1	3	-	-
1	2	3	-	-
1	2	3	-	-
1	3	3	-	-
1	4	3	-	-
2	5	3	-	-
1	4	3	-	-
1	2	3	-	-
1	3	3	-	-
1	1	1	2	3
1	2	3	-	-
1	2	3	-	-
1	3	3	-	-
1	4	3	-	-
1	4	3	-	-
1	4	1	2	3
1	3	3	-	-

Sendestunde: 08:00-09:00
Sendungstitel: Der Morgen auf Bayern 1

Beitrags-typ	Inhalt des Beitrags	Beteili-gungsart	Beteili-gungs-technik	Beteili-gungs-thema
1	1	3	-	-
1	2	3	-	-
1	2	3	-	-
1	3	3	-	-
1	4	1	1	3
1	4	2	4	2
1	4	3	-	-
1	3	3	-	-
1	1	3	-	-
1	2	3	-	-
1	2	3	-	-
1	3	3	-	-
1	4	1	2	3
1	4	3	-	-
2	5	3	-	-
1	4	3	-	-

Sendestunde: 09:00-10:00
Sendungstitel: Der Vormittag auf Bayern 1

Beitrags-typ	Inhalt des Beitrags	Beteili-gungsart	Beteili-gungs-technik	Beteili-gungs-thema
1	1	3	-	-
1	2	3	-	-
1	2	3	-	-
1	3	3	-	-
1	4	1	1	2
1	3	3	-	-
1	3	3	-	-
1	2	3	-	-
1	2	3	-	-
1	3	3	-	-
1	4	1	2	3
1	3	1	2	3

Sendestunde: 10:00-11:00
Sendungstitel: Der Vormittag auf Bayern 1

Beitrags-typ	Inhalt des Beitrags	Beteili-gungsart	Beteili-gungs-technik	Beteili-gungs-thema
1	1	3	-	-
1	2	3	-	-
1	2	3	-	-
1	3	3	-	-
1	4	1	1	3
1	3	3	-	-
1	4	1	2	3
1	1	3	-	-
1	2	3	-	-
1	2	3	-	-
1	3	3	-	-
1	4	1	2	3
1	3	3	-	-
1	3	3	-	-
1	4	1	1	3

Sendestunde: 11:00-12:00
Sendungstitel: Der Vormittag auf Bayern 1

Beitrags-typ	Inhalt des Beitrags	Beteili-gungsart	Beteili-gungs-technik	Beteili-gungs-thema
1	1	3	-	-
1	2	3	-	-
1	2	3	-	-
1	3	3	-	-
1	2	3	-	-
1	4	1	1	2
1	3	3	-	-
1	3	3	-	-
1	4	1	2	3
1	1	3	-	-
1	2	3	-	-
1	3	3	-	-
1	4	3	-	-
1	4	3	-	-
1	3	3	-	-

Sendestunde: 12:00-13:00
Sendungstitel: Mittags in München

Beitrags-typ	Inhalt des Beitrags	Beteiligungsart	Beteiligungstechnik	Beteiligungsthema
1	1	3	-	-
1	2	3	-	-
1	2	3	-	-
1	3	3	-	-
1	2	3	-	-
1	4	3	-	-
1	4	1	3	3
1	1	3	-	-
1	2	3	-	-
1	2	3	-	-
1	3	3	-	-
1	2	3	-	-
2	6	3	-	-
1	4	3	-	-
1	4	1	2	3
1	3	3	-	-
1	2	3	-	-
1	3	3	-	-

Sendestunde: 13:00-14:00
Sendungstitel: Der Nachmittag auf Bayern 1

Beitrags-typ	Inhalt des Beitrags	Beteiligungsart	Beteiligungstechnik	Beteiligungsthema
1	1	3	-	-
1	2	3	-	-
1	2	3	-	-
1	3	3	-	-
1	3	3	-	-
1	4	1	1	2
1	3	3	-	-
1	1	3	-	-
1	2	3	-	-
1	2	3	-	-
1	3	3	-	-
1	3	3	-	-
1	4	3	-	-
1	4	3	-	-
1	3	3	-	-

Sendestunde: 14:00-15:00
Sendungstitel: Der Nachmittag auf Bayern 1

Beitrags-typ	Inhalt des Beitrags	Beteiligungsart	Beteiligungstechnik	Beteiligungsthema
1	1	3	-	-
1	2	3	-	-
1	2	3	-	-
1	3	3	-	-
1	4	1	2	3
1	3	3	-	-
1	3	3	-	-
1	1	3	-	-
1	2	3	-	-
1	2	3	-	-
1	3	3	-	-
1	4	1	2	3
1	4	1	2	3
1	3	3	-	-
1	4	1	2	3

Sendestunde: 15:00-16:00
Sendungstitel: Der Nachmittag auf Bayern 1

Beitrags-typ	Inhalt des Beitrags	Beteiligungsart	Beteiligungstechnik	Beteiligungsthema
1	1	3	-	-
1	2	3	-	-
1	2	3	-	-
1	3	3	-	-
1	4	3	-	-
1	3	3	-	-
2	5	3	-	-
1	4	3	-	-
1	1	3	-	-
1	2	3	-	-
1	2	3	-	-
1	3	3	-	-
1	4	3	-	-
1	2	3	-	-
1	3	3	-	-
1	3	3	-	-
1	3	3	-	-

Sendestunde: 16:00-17:00
Sendungstitel: Der Nachmittag auf Bayern 1

Beitrags-typ	Inhalt des Beitrags	Beteili-gungsart	Beteili-gungs-technik	Beteili-gungs-thema
1	1	3	-	-
1	2	3	-	-
1	2	3	-	-
1	3	3	-	-
1	4	1	3	3
1	3	3	-	-
1	3	3	-	-
1	1	3	-	-
1	2	3	-	-
1	2	3	-	-
1	3	3	-	-
1	3	3	-	-
1	4	1	1	2
1	2	3	-	-
1	3	3	-	-
1	3	3	-	-
1	4	3	-	-

Sendestunde: 17:00-18:00
Sendungstitel: Das Bayern-Magazin auf Bayern 1

Beitrags-typ	Inhalt des Beitrags	Beteili-gungsart	Beteili-gungs-technik	Beteili-gungs-thema
1	1	3	-	-
1	2	3	-	-
1	2	3	-	-
1	3	3	-	-
1	4	3	-	-
1	4	3	-	-
1	3	3	-	-
1	1	3	-	-
1	2	3	-	-
1	2	3	-	-
1	3	3	-	-
1	4	1	2	3
1	4	3	-	-
1	3	3	-	-

Sendestunde: 18:00-19:00
Sendungstitel: Das Bayern-Magazin auf Bayern 1

Beitrags-typ	Inhalt des Beitrags	Beteili-gungsart	Beteili-gungs-technik	Beteili-gungs-thema
1	1	3	-	-
1	2	3	-	-
1	2	3	-	-
1	3	3	-	-
1	4	3	-	-
1	4	3	-	-
1	3	3	-	-
1	4	3	-	-
1	2	3	-	-
1	2	3	-	-
1	3	3	-	-
1	4	1	2	3
1	4	1	3	3
1	4	3	-	-
2	5	3	-	-

Sendestunde: 19:00-20:00
Sendungstitel: Bayern 1 Volksmusik

Beitrags-typ	Inhalt des Beitrags	Beteili-gungsart	Beteili-gungs-technik	Beteili-gungs-thema
1	1	3	-	-
1	2	3	-	-
1	3	3	-	-
1	4	3	-	-
1	4	3	-	-
1	4	3	-	-
1	4	3	-	-
1	4	3	-	-
1	4	3	-	-

Sendestunde: 20:00-21:00
Sendungstitel: Deutsch nach 8

Beitrags-typ	Inhalt des Beitrags	Beteili-gungsart	Beteili-gungs-technik	Beteili-gungs-thema
1	1	3	-	-
1	2	3	-	-
1	2	3	-	-
1	3	3	-	-
2	6	3	-	-
1	3	3	-	-
1	4	3	-	-
1	4	3	-	-
1	3	3	-	-
1	2	3	-	-
1	2	3	-	-
2	6	3	-	-
1	3	3	-	-
1	4	3	-	-
1	4	3	-	-

Sendestunde: 21:00-22:00
Sendungstitel: Bayern 1 am Abend

Beitrags-typ	Inhalt des Beitrags	Beteili-gungsart	Beteili-gungs-technik	Beteili-gungs-thema
1	1	3	-	-
1	2	3	-	-
1	2	3	-	-
1	3	3	-	-
1	4	3	-	-
1	3	3	-	-
1	2	3	-	-
1	2	3	-	-
1	4	1	2	3
2	6	3	-	-

Sendestunde: 22:00-23:00
Sendungstitel: Bayern 1 am Abend

Beitrags-typ	Inhalt des Beitrags	Beteili-gungsart	Beteili-gungs-technik	Beteili-gungs-thema
1	1	3	-	-
1	2	3	-	-
1	2	3	-	-
1	3	3	-	-
1	2	3	-	-
1	4	3	-	-
1	4	3	-	-
1	2	3	-	-
1	2	3	-	-
1	4	3	-	-
1	2	3	-	-
1	4	3	-	-
1	4	3	-	-

Sendestunde: 23:00-24:00
Sendungstitel: Bayern 1 am Abend

Beitrags-typ	Inhalt des Beitrags	Beteili-gungsart	Beteili-gungs-technik	Beteili-gungs-thema
1	1	3	-	-
1	2	3	-	-
1	2	3	-	-
1	3	3	-	-
1	2	3	-	-
2	5	3	-	-
1	2	3	-	-
1	2	3	-	-
2	6	3	-	-
1	4	1	2	3
1	3	3	-	-

Anlage 3: Codesheets zur Auswertung von Bayern 3

Sender: Bayern 3
Datum: 15. Mai 2012

Sendestunde: 00:00-01:00
Sendungstitel: Bayern 3 - Die Nacht

Beitrags-typ	Inhalt des Beitrags	Beteili-gungsart	Beteili-gungs-technik	Beteili-gungs-thema
1	1	3	-	-
1	2	3	-	-
1	2	3	-	-
1	3	3	-	-
1	3	3	-	-
1	4	3	-	-
1	4	3	-	-
1	4	2	4	3
1	2	3	-	-
1	2	3	-	-
2	5	1	2	5
1	4	2	4	2
1	2	3	-	-
1	4	3	-	-

Sendestunde: 01:00-02:00
Sendungstitel: Bayern 3 - Die Nacht

Beitrags-typ	Inhalt des Beitrags	Beteili-gungsart	Beteili-gungs-technik	Beteili-gungs-thema
1	1	3	-	-
1	2	3	-	-
1	2	3	-	-
1	3	2	4	3
1	4	2	4	3
1	4	2	4	2
2	6	3	-	-
1	4	2	4	2
1	2	3	-	-
1	2	3	-	-
2	6	3	-	-
1	4	2	4	2
1	4	2	4	2
2	6	3	-	-
1	3	3	-	-

Sendestunde: 02:00-03:00
Sendungstitel: Bayern 3 - Die Nacht

Beitrags-typ	Inhalt des Beitrags	Beteili-gungsart	Beteili-gungs-technik	Beteili-gungs-thema
1	1	3	-	-
1	2	3	-	-
1	2	3	-	-
1	3	2	4	3
1	4	2	4	2
1	4	2	4	2
1	3	3	-	-
1	2	3	-	-
1	2	3	-	-
1	3	3	-	-
2	6	3	-	-
1	4	2	4	2
2	6	3	-	-
1	4	2	4	2
1	2	3	-	-
1	3	3	-	-

Sendestunde: 03:00-04:00
Sendungstitel: Bayern 3 - Die Nacht

Beitrags-typ	Inhalt des Beitrags	Beteili-gungsart	Beteili-gungs-technik	Beteili-gungs-thema
1	1	3	-	-
1	2	3	-	-
1	2	3	-	-
1	3	3	-	-
2	6	3	-	-
1	4	2	4	3
1	4	3	-	-
2	6	3	-	-
1	3	3	-	-
1	2	3	-	-
1	2	3	-	-
2	5	3	-	-
1	4	3	-	-
1	4	2	4	2
1	4	3	-	-

Sendestunde: 04:00-05:00
Sendungstitel: Bayern 3 - Die Nacht

Beitrags-typ	Inhalt des Beitrags	Beteiligungsart	Beteiligungstechnik	Beteiligungsthema
1	1	3	-	-
1	2	3	-	-
1	2	3	-	-
1	3	2	4	3
1	4	2	4	2
1	3	3	-	-
1	4	2	4	2
1	3	3	-	-
1	2	3	-	-
1	2	3	-	-
2	5	3	-	-
2	6	3	-	-
1	4	3	-	-
1	3	3	-	-
2	6	3	-	-
2	5	3	-	-

Sendestunde: 05:00-06:00
Sendungstitel: Die Frühaufdreher

Beitrags-typ	Inhalt des Beitrags	Beteiligungsart	Beteiligungstechnik	Beteiligungsthema
1	1	3	-	-
1	2	3	-	-
1	2	3	-	-
1	3	3	-	-
1	4	2	5	3
1	4	3	-	-
1	2	3	-	-
1	4	3	-	-
2	6	3	-	-
2	5	3	-	-
1	3	3	-	-
1	1	3	-	-
1	2	3	-	-
1	2	3	-	-
1	3	3	-	-
1	4	3	-	-
1	2	3	-	-
1	4	1	2	3
1	3	3	-	-
2	5	3	-	-

Sendestunde: 06:00-07:00
Sendungstitel: Die Frühaufdreher

Beitrags-typ	Inhalt des Beitrags	Beteiligungsart	Beteiligungstechnik	Beteiligungsthema
1	1	3	-	-
1	2	2	4	4
1	2	3	-	-
1	3	3	-	-
1	4	2	4	3
1	3	3	-	-
1	2	3	-	-
1	4	3	-	-
1	4	2	5	3
2	5	1	2	5
1	3	3	-	-
1	1	3	-	-
1	2	3	-	-
1	2	3	-	-
1	3	2	4	2
1	4	3	-	-
1	4	3	-	-
1	2	3	-	-
1	4	3	-	-
1	4	1	1	3
2	6	3	-	-
2	6	3	-	-

Sendestunde: 07:00-08:00
Sendungstitel: Die Frühaufdreher

Beitrags-typ	Inhalt des Beitrags	Beteiligungsart	Beteiligungstechnik	Beteiligungsthema
1	1	3	-	-
1	2	3	-	-
1	2	3	-	-
1	3	3	-	-
1	4	2	5	3
1	2	3	-	-
1	4	3	-	-
1	4	1	2	5
2	5	1	2	5
1	3	3	-	-
1	1	3	-	-
1	2	3	-	-
1	2	3	-	-
1	3	2	5	3
1	2	3	-	-
1	4	3	-	-
1	2	3	-	-
1	4	1	2	3
2	5	3	-	-
2	6	3	-	-

Sendestunde: 08:00-09:00
Sendungstitel: Die Frühaufdreher

Beitrags-typ	Inhalt des Beitrags	Beteili-gungsart	Beteili-gungs-technik	Beteili-gungs-thema
1	1	3	-	-
1	2	3	-	-
1	2	3	-	-
1	3	3	-	-
1	4	1	1	3
1	2	3	-	-
1	4	3	-	-
1	3	3	-	-
2	6	3	-	-
2	6	3	-	-
1	3	3	-	-
1	1	3	-	-
1	2	3	-	-
1	2	3	-	-
1	3	2	4	3
1	4	2	5	3
1	4	3	-	-
1	2	3	-	-
1	4	3	-	-
2	5	1	2	5

Sendestunde: 09:00-10:00
Sendungstitel: Bayern 3 am Vormittag

Beitrags-typ	Inhalt des Beitrags	Beteili-gungsart	Beteili-gungs-technik	Beteili-gungs-thema
1	1	3	-	-
1	2	3	-	-
1	2	3	-	-
1	3	3	-	-
2	6	3	-	-
1	3	3	-	-
1	4	1	1	3
2	5	1	2	5
1	1	3	-	-
1	2	3	-	-
1	2	3	-	-
1	3	3	-	-
2	6	3	-	-
1	3	3	-	-
1	4	3	-	-
1	3	3	-	-
2	5	3	-	-
2	6	3	-	-

Sendestunde: 10:00-11:00
Sendungstitel: Bayern 3 am Vormittag

Beitrags-typ	Inhalt des Beitrags	Beteili-gungsart	Beteili-gungs-technik	Beteili-gungs-thema
1	1	3	-	-
1	2	3	-	-
1	2	3	-	-
1	3	3	-	-
2	6	3	-	-
1	4	3	-	-
1	4	3	-	-
1	3	3	-	-
1	4	1	2	5
2	6	3	-	-
1	1	3	-	-
1	2	3	-	-
1	2	3	-	-
1	3	3	-	-
1	2	3	-	-
1	4	3	-	-
2	6	3	-	-
1	3	3	-	-

Sendestunde: 11:00-12:00
Sendungstitel: Bayern 3 am Vormittag

Beitrags-typ	Inhalt des Beitrags	Beteili-gungsart	Beteili-gungs-technik	Beteili-gungs-thema
1	1	3	-	-
1	2	3	-	-
1	2	3	-	-
1	3	3	-	-
2	6	3	-	-
1	2	3	-	-
1	4	1	2	3
2	6	3	-	-
1	3	3	-	-
2	5	1	2	5
2	6	3	-	-
1	3	3	-	-
1	1	3	-	-
1	2	3	-	-
1	2	3	-	-
1	3	3	-	-
2	6	3	-	-
2	6	3	-	-
1	3	3	-	-
1	4	3	-	-
2	6	3	-	-
2	6	3	-	-
2	6	3	-	-

Sendestunde: 12:00-13:00
Sendungstitel: Bayern 3 Update

Beitrags-typ	Inhalt des Beitrags	Beteili-gungsart	Beteili-gungs-technik	Beteili-gungs-thema
1	1	3	-	-
1	2	3	-	-
1	2	3	-	-
1	2	3	-	-
1	3	3	-	-
1	4	3	-	-
1	2	3	-	-
1	4	3	-	-
2	6	3	-	-
1	1	3	-	-
1	2	3	-	-
1	2	3	-	-
1	2	3	-	-
1	3	1	2	3
1	4	1	2	3
1	4	1	3	3
1	2	3	-	-
2	6	3	-	-

Sendestunde: 13:00-14:00
Sendungstitel: Die Katja-Wunderlich-Show

Beitrags-typ	Inhalt des Beitrags	Beteili-gungsart	Beteili-gungs-technik	Beteili-gungs-thema
1	1	3	-	-
1	2	3	-	-
1	2	3	-	-
1	3	3	-	-
2	6	3	-	-
1	4	1	1	3
2	6	3	-	-
1	3	3	-	-
2	6	3	-	-
1	1	3	-	-
1	2	3	-	-
1	2	3	-	-
1	3	3	-	-
2	6	3	-	-
1	4	3	-	-
1	4	3	-	-
1	3	3	-	-
2	5	3	-	-
2	6	3	-	-

Sendestunde: 14:00-15:00
Sendungstitel: Die Katja-Wunderlich-Show

Beitrags-typ	Inhalt des Beitrags	Beteili-gungsart	Beteili-gungs-technik	Beteili-gungs-thema
1	1	3	-	-
1	2	3	-	-
1	2	3	-	-
1	3	3	-	-
1	4	3	-	-
1	4	3	-	-
1	3	3	-	-
2	5	3	-	-
1	1	3	-	-
1	2	3	-	-
1	2	3	-	-
1	3	3	-	-
1	2	3	-	-
1	4	1	1	1
2	6	3	-	-
1	3	3	-	-
2	5	3	-	-
2	6	3	-	-

Sendestunde: 15:00-16:00
Sendungstitel: Die Katja-Wunderlich-Show

Beitrags-typ	Inhalt des Beitrags	Beteili-gungsart	Beteili-gungs-technik	Beteili-gungs-thema
1	1	3	-	-
1	2	3	-	-
1	2	3	-	-
1	3	3	-	-
1	4	3	-	-
1	4	3	-	-
1	3	3	-	-
2	5	1	2	5
1	1	3	-	-
1	2	3	-	-
1	2	3	-	-
1	3	3	-	-
1	4	3	-	-
1	3	3	-	-
2	5	3	-	-
1	3	3	-	-
2	6	3	-	-

Sendestunde: 16:00-17:00
Sendungstitel: Bayern 3 Extra

Beitrags-typ	Inhalt des Beitrags	Beteili-gungsart	Beteili-gungstechnik	Beteili-gungsthema
1	1	3	-	-
1	2	3	-	-
1	2	3	-	-
1	3	3	-	-
1	4	3	-	-
1	4	2	4	3
1	4	3	-	-
1	3	3	-	-
2	6	3	-	-
1	3	3	-	-
1	1	3	-	-
1	2	3	-	-
1	2	3	-	-
1	3	3	-	-
1	4	3	-	-
1	4	2	4	2
1	3	3	-	-
1	2	3	-	-
2	5	1	2	3
2	5	1	2	5

Sendestunde: 17:00-18:00
Sendungstitel: Bayern 3 Extra

Beitrags-typ	Inhalt des Beitrags	Beteili-gungsart	Beteili-gungstechnik	Beteili-gungsthema
1	1	3	-	-
1	2	3	-	-
1	2	3	-	-
1	3	3	-	-
1	2	3	-	-
1	4	3	-	-
1	3	3	-	-
1	4	3	-	-
1	4	3	-	-
2	6	3	-	-
1	3	3	-	-
1	1	3	-	-
1	2	3	-	-
1	2	3	-	-
1	3	1	2	5
1	4	1	1	1
1	4	3	-	-
1	3	3	-	-
2	6	3	-	-

Sendestunde: 18:00-19:00
Sendungstitel: Bayern 3 Extra

Beitrags-typ	Inhalt des Beitrags	Beteili-gungsart	Beteili-gungstechnik	Beteili-gungsthema
1	1	3	-	-
1	2	3	-	-
1	2	3	-	-
1	3	3	-	-
1	4	3	-	-
1	4	3	-	-
1	3	3	-	-
2	5	1	2	5
2	6	3	-	-
1	3	3	-	-
1	1	3	-	-
1	2	3	-	-
1	2	3	-	-
1	3	3	-	-
2	6	3	-	-
1	4	3	-	-
1	3	3	-	-
2	6	3	-	-
1	4	1	1	3
1	2	3	-	-
2	6	3	-	-

Sendestunde: 19:00-20:00
Sendungstitel: Mensch Otto

Beitrags-typ	Inhalt des Beitrags	Beteili-gungsart	Beteili-gungstechnik	Beteili-gungsthema
1	1	3	-	-
1	2	3	-	-
1	2	3	-	-
1	4	3	-	-
1	4	3	-	-
1	2	3	-	-
1	2	3	-	-
1	4	3	-	-
1	4	3	-	-
1	4	3	-	-
1	3	3	-	-

Sendestunde: 20:00-21:00
Sendungstitel: Matuschke - der andere Abend

Beitrags-typ	Inhalt des Beitrags	Beteili-gungsart	Beteili-gungs-technik	Beteili-gungs-thema
1	1	3	-	-
1	2	3	-	-
1	2	3	-	-
1	3	3	-	-
1	4	3	-	-
1	4	3	-	-
1	4	3	-	-
1	2	3	-	-
1	2	3	-	-
2	5	3	-	-
2	6	3	-	-
1	4	1	1	1
1	4	3	-	-

Sendestunde: 21:00-22:00
Sendungstitel: Matuschke - der andere Abend

Beitrags-typ	Inhalt des Beitrags	Beteili-gungsart	Beteili-gungs-technik	Beteili-gungs-thema
1	1	3	-	-
1	2	3	-	-
1	2	3	-	-
1	3	3	-	-
1	4	3	-	-
1	3	3	-	-
2	6	3	-	-
1	3	3	-	-
1	2	3	-	-
1	2	3	-	-
2	5	1	2	5
2	6	3	-	-
1	4	3	-	-
1	3	3	-	-
1	4	3	-	-
1	3	3	-	-
1	4	3	-	-

Sendestunde: 22:00-23:00
Sendungstitel: Bayern 3 Nightlife

Beitrags-typ	Inhalt des Beitrags	Beteili-gungsart	Beteili-gungs-technik	Beteili-gungs-thema
1	1	3	-	-
1	2	3	-	-
1	2	3	-	-
1	3	3	-	-
1	4	3	-	-
1	2	3	-	-
1	4	3	-	-
1	2	3	-	-
1	2	3	-	-
2	5	3	-	-
1	4	3	-	-
1	2	3	-	-
2	6	3	-	-
1	4	3	-	-

Sendestunde: 23:00-24:00
Sendungstitel: Bayern 3 Nightlife

Beitrags-typ	Inhalt des Beitrags	Beteili-gungsart	Beteili-gungs-technik	Beteili-gungs-thema
1	1	3	-	-
1	2	3	-	-
1	2	3	-	-
1	3	3	-	-
1	4	3	-	-
2	6	3	-	-
2	6	3	-	-
1	4	3	-	-
1	2	3	-	-
1	2	3	-	-
1	4	3	-	-
2	6	3	-	-
1	4	3	-	-
1	4	3	-	-

Anlage 4: Codesheets zur Auswertung von Radio Bamberg

Sender: Radio Bamberg
Datum: 15. Mai 2012

Sendestunde: 00:00-01:00
Sendungstitel: Das Nachtradio

Beitrags-typ	Inhalt des Beitrags	Beteili-gungsart	Beteili-gungs-technik	Beteili-gungs-thema
1	1	3	-	-
1	2	3	-	-
1	2	3	-	-
1	3	3	-	-
1	4	3	-	-
1	3	3	-	-
1	4	3	-	-
1	1	3	-	-
1	3	3	-	-
1	4	3	-	-
1	3	3	-	-
1	3	3	-	-

Sendestunde: 01:00-02:00
Sendungstitel: Das Nachtradio

Beitrags-typ	Inhalt des Beitrags	Beteili-gungsart	Beteili-gungs-technik	Beteili-gungs-thema
1	1	3	-	-
1	2	3	-	-
1	2	3	-	-
1	3	3	-	-
1	4	1	2	3
1	3	3	-	-
1	1	3	-	-
1	3	3	-	-
1	4	1	2	3
1	3	3	-	-

Sendestunde: 02:00-03:00
Sendungstitel: Das Nachtradio

Beitrags-typ	Inhalt des Beitrags	Beteili-gungsart	Beteili-gungs-technik	Beteili-gungs-thema
1	1	3	-	-
1	2	3	-	-
1	2	3	-	-
1	3	3	-	-
1	4	3	-	-
1	4	3	-	-
1	1	3	-	-
1	3	3	-	-
1	4	3	-	-
1	3	3	-	-

Sendestunde: 03:00-04:00
Sendungstitel: Das Nachtradio

Beitrags-typ	Inhalt des Beitrags	Beteili-gungsart	Beteili-gungs-technik	Beteili-gungs-thema
1	1	3	-	-
1	2	3	-	-
1	3	1	2	3
1	4	1	2	3
1	3	3	-	-
1	1	3	-	-
1	3	3	-	-
1	4	3	-	-
1	3	3	-	-
1	3	3	-	-

Sendestunde: 04:00-05:00
Sendungstitel: Extrafrüh

Beitrags-typ	Inhalt des Beitrags	Beteili-gungsart	Beteili-gungs-technik	Beteili-gungs-thema
1	1	3	-	-
1	2	3	-	-
1	2	3	-	-
1	3	3	-	-
1	3	3	-	-
1	4	3	-	-
1	2	3	-	-
1	4	3	-	-
2	5	1	2	5
1	1	3	-	-
1	2	3	-	-
1	2	3	-	-
1	3	1	2	3
1	3	3	-	-
1	4	1	2	3
1	3	3	-	-
1	2	3	-	-
1	4	3	-	-

Sendestunde: 05:00-06:00
Sendungstitel: Extrafrüh

Beitrags-typ	Inhalt des Beitrags	Beteili-gungsart	Beteili-gungs-technik	Beteili-gungs-thema
1	1	3	-	-
1	2	3	-	-
1	2	3	-	-
1	3	3	-	-
1	3	3	-	-
1	4	3	-	-
1	2	3	-	-
1	4	3	-	-
1	1	3	-	-
1	2	3	-	-
1	2	3	-	-
1	4	3	-	-
1	4	3	-	-
2	5	3	-	-
2	6	3	-	-
1	4	3	-	-

Sendestunde: 06:00-07:00
Sendungstitel: Perfekt geweckt vom Aufsteh'n bis 10

Beitrags-typ	Inhalt des Beitrags	Beteili-gungsart	Beteili-gungs-technik	Beteili-gungs-thema
1	1	3	-	-
1	2	3	-	-
1	2	3	-	-
1	3	3	-	-
1	4	1	2	3
1	4	3	-	-
1	4	3	-	-
1	2	3	-	-
1	2	3	-	-
1	3	3	-	-
1	1	3	-	-
1	2	3	-	-
1	2	3	-	-
1	3	3	-	-
1	4	3	-	-
2	6	3	-	-
1	4	1	2	3
1	2	3	-	-
1	2	3	-	-
1	3	3	-	-
2	5	3	-	-
2	5	3	-	-

Sendestunde: 07:00-08:00
Sendungstitel: Perfekt geweckt vom Aufsteh'n bis 10

Beitrags-typ	Inhalt des Beitrags	Beteili-gungsart	Beteili-gungs-technik	Beteili-gungs-thema
1	1	3	-	-
1	2	3	-	-
1	2	3	-	-
1	3	3	-	-
1	4	3	-	-
1	4	3	-	-
1	4	3	-	-
1	2	3	-	-
1	2	3	-	-
1	3	3	-	-
2	6	3	-	-
1	1	3	-	-
1	2	3	-	-
1	2	3	-	-
1	3	3	-	-
1	4	3	-	-
2	6	3	-	-
1	4	3	-	-
1	2	3	-	-
1	2	3	-	-
1	3	3	-	-
2	5	3	-	-
2	5	3	-	-

Sendestunde: 08:00-09:00
Sendungstitel: Perfekt geweckt vom Aufsteh'n bis 10

Beitrags-typ	Inhalt des Beitrags	Beteili-gungsart	Beteili-gungs-technik	Beteili-gungs-thema
1	1	1	2	3
1	2	3	-	-
1	2	3	-	-
1	3	3	-	-
1	4	3	-	-
1	4	3	-	-
1	2	3	-	-
1	2	3	-	-
1	3	3	-	-
2	6	3	-	-
1	1	3	-	-
1	2	3	-	-
1	2	1	1	3
1	3	3	-	-
1	4	3	-	-
2	6	3	-	-
1	4	3	-	-
1	2	3	-	-
1	2	3	-	-
1	3	3	-	-
2	6	3	-	-
2	5	3	-	-

Sendestunde: 09:00-10:00
Sendungstitel: Perfekt geweckt vom Aufsteh'n bis 10

Beitrags-typ	Inhalt des Beitrags	Beteili-gungsart	Beteili-gungs-technik	Beteili-gungs-thema
1	1	3	-	-
1	2	3	-	-
1	2	3	-	-
1	3	1	1	3
1	4	2	5	3
1	4	3	-	-
2	6	3	-	-
1	3	3	-	-
2	6	3	-	-
1	1	3	-	-
1	2	3	-	-
1	2	3	-	-
1	3	3	-	-
2	6	3	-	-
2	6	3	-	-
1	3	3	-	-
1	3	3	-	-
2	6	3	-	-
2	5	3	-	-

Sendestunde: 10:00-11:00
Sendungstitel: Besser arbeiten

Beitrags-typ	Inhalt des Beitrags	Beteili-gungsart	Beteili-gungs-technik	Beteili-gungs-thema
1	1	3	-	-
1	2	3	-	-
1	2	3	-	-
1	3	3	-	-
2	6	3	-	-
1	2	3	-	-
1	4	1	3	3
1	3	3	-	-
2	6	3	-	-
1	1	3	-	-
1	2	3	-	-
1	2	3	-	-
1	3	3	-	-
1	4	3	-	-
2	6	3	-	-
1	3	3	-	-
2	6	3	-	-

Sendestunde: 11:00-12:00
Sendungstitel: Besser arbeiten

Beitrags-typ	Inhalt des Beitrags	Beteili-gungsart	Beteili-gungs-technik	Beteili-gungs-thema
1	1	3	-	-
1	2	3	-	-
1	2	3	-	-
1	3	2	4	2
1	4	1	2	3
2	6	3	-	-
1	2	3	-	-
1	3	3	-	-
2	6	3	-	-
1	1	3	-	-
1	2	3	-	-
2	6	3	-	-
2	5	3	-	-
1	4	3	-	-
1	3	3	-	-
2	6	3	-	-

Sendestunde: 12:00-13:00
Sendungstitel: Besser arbeiten

Beitrags-typ	Inhalt des Beitrags	Beteili-gungsart	Beteili-gungs-technik	Beteili-gungs-thema
1	1	3	-	-
1	2	3	-	-
1	2	3	-	-
1	3	3	-	-
1	4	3	-	-
1	4	3	-	-
2	6	3	-	-
1	3	3	-	-
2	5	3	-	-
2	5	3	-	-
1	1	3	-	-
1	2	3	-	-
1	2	3	-	-
1	3	3	-	-
1	3	3	-	-
2	6	3	-	-
2	6	3	-	-
1	3	3	-	-
2	6	3	-	-
2	5	3	-	-

Sendestunde: 13:00-14:00
Sendungstitel: Besser arbeiten

Beitrags-typ	Inhalt des Beitrags	Beteili-gungsart	Beteili-gungs-technik	Beteili-gungs-thema
1	1	3	-	-
1	2	3	-	-
1	2	3	-	-
1	3	3	-	-
2	5	3	-	-
2	6	3	-	-
1	1	3	-	-
1	2	3	-	-
1	2	3	-	-
2	6	3	-	-
1	4	3	-	-
2	6	3	-	-
2	6	3	-	-

Sendestunde: 14:00-15:00
Sendungstitel: Besser arbeiten

Beitrags-typ	Inhalt des Beitrags	Beteili-gungsart	Beteili-gungs-technik	Beteili-gungs-thema
1	1	3	-	-
1	2	3	-	-
1	2	3	-	-
2	6	3	-	-
1	4	1	2	3
2	6	3	-	-
2	6	3	-	-
1	1	3	-	-
1	2	3	-	-
1	2	3	-	-
2	6	3	-	-
1	4	3	-	-
2	6	3	-	-
2	6	3	-	-

Sendestunde: 15:00-16:00
Sendungstitel: Von 3 bis frei

Beitrags-typ	Inhalt des Beitrags	Beteili-gungsart	Beteili-gungs-technik	Beteili-gungs-thema
1	1	3	-	-
1	2	3	-	-
1	2	3	-	-
1	3	3	-	-
2	6	3	-	-
1	4	3	-	-
1	2	3	-	-
1	4	3	-	-
1	1	3	-	-
1	2	3	-	-
1	2	3	-	-
2	6	3	-	-
2	6	3	-	-
1	2	3	-	-
1	4	3	-	-
1	2	3	-	-
1	4	3	-	-
2	6	3	-	-
2	5	3	-	-

Sendestunde: 16:00-17:00
Sendungstitel: Von 3 bis frei

Beitrags-typ	Inhalt des Beitrags	Beteili-gungsart	Beteili-gungs-technik	Beteili-gungs-thema
1	1	3	-	-
1	2	3	-	-
1	2	3	-	-
1	3	3	-	-
2	6	3	-	-
1	4	3	-	-
1	2	3	-	-
1	2	3	-	-
1	4	3	-	-
2	6	3	-	-
1	1	3	-	-
1	2	3	-	-
1	2	3	-	-
2	6	3	-	-
2	6	3	-	-
1	4	3	-	-
2	6	3	-	-
1	2	3	-	-
1	2	3	-	-
1	4	3	-	-
2	6	3	-	-
2	5	3	-	-

Sendestunde: 17:00-18:00
Sendungstitel: Von 3 bis frei

Beitrags-typ	Inhalt des Beitrags	Beteili-gungsart	Beteili-gungs-technik	Beteili-gungs-thema
1	1	3	-	-
1	2	3	-	-
1	2	3	-	-
1	3	3	-	-
2	6	3	-	-
1	4	1	1	3
1	2	3	-	-
1	2	3	-	-
1	4	3	-	-
2	6	3	-	-
1	1	3	-	-
1	2	3	-	-
1	2	3	-	-
2	6	3	-	-
1	4	3	-	-
2	6	3	-	-
1	4	3	-	-
1	2	3	-	-
1	2	3	-	-
1	4	3	-	-
2	6	3	-	-
2	5	3	-	-

Sendestunde: 18:00-19:00
Sendungstitel: Von 3 bis frei

Beitrags-typ	Inhalt des Beitrags	Beteili-gungsart	Beteili-gungs-technik	Beteili-gungs-thema
1	1	3	-	-
1	2	3	-	-
1	2	3	-	-
1	3	3	-	-
2	6	3	-	-
1	4	3	-	-
2	6	3	-	-
1	4	3	-	-
2	5	3	-	-
1	1	3	-	-
1	2	3	-	-
1	2	3	-	-
2	6	3	-	-
2	6	3	-	-
1	4	3	-	-
2	6	3	-	-
2	5	3	-	-

Sendestunde: 19:00-20:00
Sendungstitel: Basketball live

Beitrags-typ	Inhalt des Beitrags	Beteili-gungsart	Beteili-gungs-technik	Beteili-gungs-thema
1	1	3	-	-
1	2	3	-	-
1	2	3	-	-
1	3	3	-	-
1	4	3	-	-
2	6	3	-	-
1	3	3	-	-
1	4	3	-	-
2	5	3	-	-
1	4	3	-	-
2	5	3	-	-
1	4	3	-	-
2	5	3	-	-
1	4	3	-	-
2	6	3	-	-
1	3	3	-	-
1	4	3	-	-

Sendestunde: 20:00-21:00
Sendungstitel: Basketball live

Beitrags-typ	Inhalt des Beitrags	Beteili-gungsart	Beteili-gungs-technik	Beteili-gungs-thema
1	1	3	-	-
1	2	3	-	-
1	2	3	-	-
1	3	3	-	-
1	4	3	-	-
2	5	3	-	-
1	4	3	-	-
2	5	3	-	-
1	4	3	-	-
1	3	3	-	-
1	4	3	-	-
2	5	3	-	-
1	4	3	-	-
2	5	3	-	-
1	4	3	-	-
1	3	3	-	-

Sendestunde: 21:00-22:00
Sendungstitel: Basketball live/Spätschicht

Beitrags-typ	Inhalt des Beitrags	Beteili-gungsart	Beteili-gungs-technik	Beteili-gungs-thema
1	1	3	-	-
1	2	3	-	-
1	2	3	-	-
1	3	3	-	-
1	4	3	-	-
1	3	3	-	-
1	4	3	-	-
2	5	3	-	-
2	6	3	-	-
1	3	3	-	-
1	4	3	-	-
1	4	3	-	-
2	5	3	-	-
2	6	3	-	-
1	1	3	-	-
1	2	3	-	-
1	2	3	-	-
1	3	3	-	-
1	4	3	-	-
2	6	3	-	-
1	3	3	-	-
2	6	3	-	-

Sendestunde: 22:00-23:00
Sendungstitel: Spätschicht

Beitrags-typ	Inhalt des Beitrags	Beteili-gungsart	Beteili-gungs-technik	Beteili-gungs-thema
1	1	3	-	-
1	2	3	-	-
1	2	3	-	-
1	3	3	-	-
1	4	3	-	-
1	3	3	-	-
1	1	3	-	-
1	2	3	-	-
1	2	3	-	-
1	3	3	-	-
1	4	3	-	-
2	6	3	-	-
1	3	3	-	-

Sendestunde: 23:00-24:00
Sendungstitel: Spätschicht

Beitrags-typ	Inhalt des Beitrags	Beteili-gungsart	Beteili-gungs-technik	Beteili-gungs-thema
1	1	3	-	-
1	2	3	-	-
1	2	3	-	-
1	3	3	-	-
1	4	3	-	-
1	3	3	-	-
2	6	3	-	-
1	1	3	-	-
1	2	3	-	-
1	2	3	-	-
1	3	3	-	-
1	4	3	-	-
1	3	3	-	-
1	3	3	-	-

Anlage 5: Codesheets zur Auswertung von Radio Galaxy Bamberg/Coburg

Sender: Radio Galaxy Bamberg/Coburg
Datum: 15. Mai 2012

Sendestunde: 00:00-01:00
Sendungstitel: (kein Titel)

Beitrags-typ	Inhalt des Beitrags	Beteili-gungsart	Beteili-gungs-technik	Beteili-gungs-thema
1	1	3	-	-
1	2	3	-	-
2	6	3	-	-
2	6	3	-	-
1	4	3	-	-
2	6	3	-	-
2	6	3	-	-
2	5	3	-	-
2	5	3	-	-
2	6	3	-	-

Sendestunde: 01:00-02:00
Sendungstitel: (kein Titel)

Beitrags-typ	Inhalt des Beitrags	Beteili-gungsart	Beteili-gungs-technik	Beteili-gungs-thema
1	1	3	-	-
1	2	3	-	-
2	5	3	-	-
1	4	3	-	-
2	6	3	-	-
2	6	3	-	-
2	5	3	-	-
2	6	3	-	-
2	5	3	-	-
2	5	3	-	-

Sendestunde: 02:00-03:00
Sendungstitel: (kein Titel)

Beitrags-typ	Inhalt des Beitrags	Beteili-gungsart	Beteili-gungs-technik	Beteili-gungs-thema
1	1	3	-	-
1	2	3	-	-
2	6	3	-	-
2	6	3	-	-
1	4	3	-	-
2	5	3	-	-
2	6	3	-	-
2	5	3	-	-
2	6	3	-	-
2	5	3	-	-
2	5	3	-	-

Sendestunde: 03:00-04:00
Sendungstitel: (kein Titel)

Beitrags-typ	Inhalt des Beitrags	Beteili-gungsart	Beteili-gungs-technik	Beteili-gungs-thema
1	1	3	-	-
1	2	3	-	-
2	6	3	-	-
2	6	3	-	-
2	6	3	-	-
1	4	3	-	-
2	5	3	-	-
2	6	3	-	-
2	5	3	-	-
2	6	3	-	-
2	5	3	-	-
2	6	3	-	-

Sendestunde: 04:00-05:00
Sendungstitel: (kein Titel)

Beitrags-typ	Inhalt des Beitrags	Beteili-gungsart	Beteili-gungs-technik	Beteili-gungs-thema
1	1	3	-	-
1	2	3	-	-
2	6	3	-	-
2	5	3	-	-
2	6	3	-	-
1	4	3	-	-
2	5	3	-	-
2	6	3	-	-
2	6	3	-	-
2	5	3	-	-
2	6	3	-	-
2	6	3	-	-
2	5	3	-	-
2	6	3	-	-

Sendestunde: 05:00-06:00
Sendungstitel: (kein Titel)

Beitrags-typ	Inhalt des Beitrags	Beteili-gungsart	Beteili-gungs-technik	Beteili-gungs-thema
1	1	3	-	-
1	2	3	-	-
2	6	3	-	-
2	6	3	-	-
1	4	3	-	-
2	5	3	-	-
2	6	3	-	-
2	6	3	-	-
2	5	3	-	-
2	6	3	-	-
2	5	3	-	-
2	6	3	-	-
2	5	3	-	-
2	6	3	-	-

Sendestunde: 06:00-07:00
Sendungstitel: Radio Galaxy am Morgen

Beitrags-typ	Inhalt des Beitrags	Beteili-gungsart	Beteili-gungs-technik	Beteili-gungs-thema
1	1	3	-	-
1	3	3	-	-
1	4	3	-	-
1	2	3	-	-
1	3	3	-	-
2	6	3	-	-
2	6	3	-	-
1	3	3	-	-
1	2	3	-	-
1	2	3	-	-
1	1	3	-	-
2	5	3	-	-
1	4	1	2	3
2	5	3	-	-
2	6	3	-	-
2	6	3	-	-
1	4	1	1	3
2	6	3	-	-
1	3	3	-	-
1	2	3	-	-
1	2	3	-	-
2	5	3	-	-
2	5	3	-	-

Sendestunde: 07:00-08:00
Sendungstitel: Radio Galaxy am Morgen

Beitrags-typ	Inhalt des Beitrags	Beteili-gungsart	Beteili-gungs-technik	Beteili-gungs-thema
1	1	3	-	-
1	3	3	-	-
1	4	3	-	-
1	4	1	1	1
1	2	3	-	-
1	3	3	-	-
2	6	3	-	-
1	3	3	-	-
1	2	3	-	-
1	2	3	-	-
1	1	3	-	-
2	5	3	-	-
2	5	3	-	-
2	6	3	-	-
2	5	3	-	-
1	4	3	-	-
2	6	3	-	-
2	5	3	-	-
1	4	3	-	-
2	6	3	-	-
2	6	3	-	-
1	3	3	-	-
1	2	3	-	-
1	2	3	-	-
2	5	3	-	-

Sendestunde: 08:00-09:00
Sendungstitel: Radio Galaxy am Morgen

Beitrags-typ	Inhalt des Beitrags	Beteili-gungsart	Beteili-gungs-technik	Beteili-gungs-thema
1	1	3	-	-
1	3	3	-	-
1	4	3	-	-
1	2	3	-	-
1	3	3	-	-
2	6	3	-	-
2	6	3	-	-
1	3	3	-	-
1	2	3	-	-
1	2	3	-	-
1	1	3	-	-
2	5	3	-	-
2	6	3	-	-
2	5	3	-	-
1	4	1	2	3
1	4	3	-	-
2	6	3	-	-
1	3	3	-	-
1	4	3	-	-
2	6	3	-	-
1	3	3	-	-
1	2	3	-	-
1	2	3	-	-
2	5	3	-	-

Sendestunde: 09:00-10:00
Sendungstitel: Radio Galaxy am Morgen

Beitrags-typ	Inhalt des Beitrags	Beteili-gungsart	Beteili-gungs-technik	Beteili-gungs-thema
1	1	3	-	-
1	3	3	-	-
2	6	3	-	-
1	4	3	-	-
1	4	1	1	1
1	2	3	-	-
1	3	3	-	-
2	6	3	-	-
2	6	3	-	-
1	3	3	-	-
1	2	3	-	-
1	2	3	-	-
1	1	3	-	-
2	5	3	-	-
2	5	3	-	-
2	6	3	-	-
1	4	1	3	3
1	4	3	-	-
2	6	3	-	-
1	4	1	1	3
2	6	3	-	-
2	6	3	-	-
1	2	3	-	-
1	2	3	-	-

Sendestunde: 10:00-11:00
Sendungstitel: (kein Titel)

Beitrags-typ	Inhalt des Beitrags	Beteili-gungsart	Beteili-gungstechnik	Beteili-gungsthema
1	1	3	-	-
2	6	3	-	-
2	6	3	-	-
2	6	3	-	-
2	6	3	-	-
2	6	3	-	-
1	2	3	-	-
1	2	3	-	-
1	1	3	-	-
2	6	3	-	-
2	6	3	-	-
2	6	3	-	-
2	6	3	-	-
2	6	3	-	-
1	2	3	-	-
1	2	3	-	-

Sendestunde: 11:00-12:00
Sendungstitel: (kein Titel)

Beitrags-typ	Inhalt des Beitrags	Beteili-gungsart	Beteili-gungstechnik	Beteili-gungsthema
1	1	3	-	-
2	6	3	-	-
2	6	3	-	-
2	6	3	-	-
2	6	3	-	-
2	6	3	-	-
1	2	3	-	-
1	2	3	-	-
1	1	3	-	-
2	6	3	-	-
1	4	3	-	-
2	6	3	-	-
2	6	3	-	-
1	2	3	-	-
1	2	3	-	-
2	5	3	-	-

Sendestunde: 12:00-13:00
Sendungstitel: U - die interaktive Nachmittagsshow

Beitrags-typ	Inhalt des Beitrags	Beteili-gungsart	Beteili-gungstechnik	Beteili-gungsthema
1	1	3	-	-
1	3	3	-	-
2	5	3	-	-
1	3	3	-	-
1	4	3	-	-
1	3	3	-	-
2	5	3	-	-
1	3	3	-	-
1	3	3	-	-
1	4	3	-	-
2	5	3	-	-
2	6	3	-	-
1	4	1	3	3
1	3	3	-	-
2	6	3	-	-
2	6	3	-	-
1	2	3	-	-

Sendestunde: 13:00-14:00
Sendungstitel: U - die interaktive Nachmittagsshow

Beitrags-typ	Inhalt des Beitrags	Beteili-gungsart	Beteili-gungstechnik	Beteili-gungsthema
1	1	3	-	-
1	3	3	-	-
2	6	3	-	-
1	3	3	-	-
1	4	2	5	3
1	4	3	-	-
1	3	3	-	-
1	4	3	-	-
2	5	3	-	-
2	6	3	-	-
1	4	1	1	1
1	3	3	-	-
2	6	3	-	-
2	5	3	-	-
1	2	3	-	-

Sendestunde:	14:00-15:00
Sendungstitel:	U - die interaktive Nachmittagsshow

Beitrags-typ	Inhalt des Beitrags	Beteili-gungsart	Beteili-gungs-technik	Beteili-gungs-thema
1	1	3	-	-
1	3	2	5	3
1	3	3	-	-
1	4	3	-	-
2	5	3	-	-
1	3	3	-	-
1	4	1	1	3
1	4	3	-	-
2	6	3	-	-
1	4	2	4	3
1	4	3	-	-
2	5	3	-	-

Sendestunde:	15:00-16:00
Sendungstitel:	Galaxy p.m.

Beitrags-typ	Inhalt des Beitrags	Beteili-gungsart	Beteili-gungs-technik	Beteili-gungs-thema
1	1	3	-	-
1	3	3	-	-
2	6	3	-	-
1	4	3	-	-
2	6	3	-	-
1	4	3	-	-
2	6	3	-	-
1	3	3	-	-
2	5	3	-	-
1	2	3	-	-
1	2	3	-	-
2	6	3	-	-
2	6	3	-	-
1	4	3	-	-
2	6	3	-	-
1	4	3	-	-
2	5	3	-	-
2	6	3	-	-
2	6	3	-	-
1	3	3	-	-
1	2	3	-	-
1	2	3	-	-

Sendestunde:	16:00-17:00
Sendungstitel:	Galaxy p.m.

Beitrags-typ	Inhalt des Beitrags	Beteili-gungsart	Beteili-gungs-technik	Beteili-gungs-thema
1	1	3	-	-
1	3	3	-	-
2	6	3	-	-
1	4	3	-	-
2	6	3	-	-
1	4	3	-	-
2	6	3	-	-
1	3	3	-	-
1	2	3	-	-
1	2	3	-	-
2	6	3	-	-
2	6	3	-	-
1	4	3	-	-
2	6	3	-	-
1	4	3	-	-
2	6	1	2	5
1	3	3	-	-
1	2	3	-	-
1	2	3	-	-

Sendestunde:	17:00-18:00
Sendungstitel:	Galaxy p.m.

Beitrags-typ	Inhalt des Beitrags	Beteili-gungsart	Beteili-gungs-technik	Beteili-gungs-thema
1	1	3	-	-
1	3	3	-	-
2	6	3	-	-
1	4	3	-	-
2	6	3	-	-
1	4	3	-	-
2	6	3	-	-
1	3	3	-	-
1	2	3	-	-
1	2	3	-	-
2	6	3	-	-
1	4	3	-	-
2	6	3	-	-
1	4	3	-	-
2	6	3	-	-
1	3	3	-	-
1	2	3	-	-
1	2	3	-	-

Sendestunde: 18:00-19:00
Sendungstitel: Galaxy p.m.

Beitrags-typ	Inhalt des Beitrags	Beteili-gungsart	Beteili-gungs-technik	Beteili-gungs-thema
1	1	3	-	-
1	3	3	-	-
2	6	3	-	-
1	4	3	-	-
2	6	3	-	-
1	4	2	5	3
2	6	3	-	-
1	3	3	-	-
2	5	3	-	-
1	2	3	-	-
1	2	3	-	-
2	6	3	-	-
2	6	3	-	-
1	4	3	-	-
2	6	3	-	-
1	4	2	4	2
1	4	3	-	-
2	5	3	-	-
2	6	3	-	-
1	2	3	-	-
1	2	3	-	-

Sendestunde: 19:00-20:00
Sendungstitel: Basketball-Live-Übertragung

Beitrags-typ	Inhalt des Beitrags	Beteili-gungsart	Beteili-gungs-technik	Beteili-gungs-thema
1	1	3	-	-
1	3	3	-	-
2	6	3	-	-
1	4	3	-	-
2	6	3	-	-
1	4	3	-	-
2	6	3	-	-
2	6	3	-	-
2	6	3	-	-

Sendestunde: 20:00-21:00
Sendungstitel: Basketball-Live-Übertragung

Beitrags-typ	Inhalt des Beitrags	Beteili-gungsart	Beteili-gungs-technik	Beteili-gungs-thema
1	1	3	-	-
2	6	3	-	-
1	4	3	-	-
1	4	3	-	-
2	6	3	-	-
1	4	3	-	-
1	4	3	-	-
1	4	3	-	-
2	5	3	-	-

Sendestunde: 21:00-22:00
Sendungstitel: (kein Titel)

Beitrags-typ	Inhalt des Beitrags	Beteili-gungsart	Beteili-gungs-technik	Beteili-gungs-thema
1	1	3	-	-
1	2	3	-	-
2	6	3	-	-
2	6	3	-	-
2	5	3	-	-
2	6	3	-	-
2	5	3	-	-
2	6	3	-	-
2	6	3	-	-
2	5	3	-	-
2	6	3	-	-

Sendestunde: 22:00-23:00
Sendungstitel: (kein Titel)

Beitrags-typ	Inhalt des Beitrags	Beteili-gungsart	Beteili-gungs-technik	Beteili-gungs-thema
1	1	3	-	-
1	2	3	-	-
2	6	3	-	-
2	5	3	-	-
2	6	3	-	-
2	6	3	-	-
2	5	3	-	-
2	6	3	-	-
2	6	3	-	-
2	5	3	-	-
2	6	3	-	-
2	5	3	-	-

Sendestunde: 23:00-24:00
Sendungstitel: (kein Titel)

Beitrags-typ	Inhalt des Beitrags	Beteili-gungsart	Beteili-gungs-technik	Beteili-gungs-thema
1	1	3	-	-
1	2	3	-	-
2	5	3	-	-
2	5	3	-	-
2	6	3	-	-
2	5	3	-	-
2	6	3	-	-
2	5	3	-	-
2	5	3	-	-
2	5	3	-	-

Anlage 6: Transkription des Interviews mit Bernd Diestel (stellvertretender Redaktionsleiter, Bayern 1)

Lucie Militzer (LM): Wie wichtig ist Hörerbeteiligung im Programm von Bayern 1, wenn Sie sich zwischen 1 und 6 entscheiden müssten, was würden Sie wählen?

Bernd Diestel (BD): Dann nehmen wir die 6, überaus wichtig.

LM: Warum?

BD: Bayern 1 ist genau wie Bayern 3 öffentlich-rechtlicher Rundfunk, gebührenfinanziert. Wir machen Programm mit Gebühren, die uns die Menschen zur Verfügung stellen und da ist es eigentlich nur folgerichtig dann auch zu schauen, was für Programminhalte können wir denn anbieten für die Menschen, die dafür schon Geld bezahlen. Sprich: wie nahe können wir dieses Programm an die Menschen bringen und wie stark können wir diese Menschen auch am Programm beteiligen. Sprich: wie sehr können wir den Rückkanal nutzen. Und da glauben wir, dass es eben sehr wichtig ist für ein Programm wie Bayern 1, das sehr stark in Bayern, im Sendegebiet, verwurzelt ist von seiner ganzen Programmphilosophie auch von der Programmstruktur mit sehr vielen regionalen Informationen, diesen Rückkanal über die Hörer zu nutzen, die Hörer mit einzubeziehen in die Themenplanung und Themenaufbereitung und auch zu profitieren von den Erfahrungen und den Meinungsäußerungen der Hörer, die dann auch das Programm wiederum bereichern. Und was noch dazukommt: wir verstehen Bayern 1 als Plattform für Standpunkte und Meinungen. Wir haben uns lange verabschiedet davon, den Menschen etwas vorzusetzen, ihnen zu sagen, wie die Krise, die Euro-Krise, nun auf Bayern wirkt, sondern wir wollen mit den Menschen zusammen in Erfahrung bringen – um bei dem Beispiel zu bleiben – was bedeutet denn für sie die Krise, ist die bei ihnen schon angekommen oder nicht? Um ein Beispiel zu nennen. Und da kann man sehr gut von den Erfahrungen profitieren. Das heißt also wir wollen auch eine Plattform sein für Standpunkte, für den Austausch von Standpunkten – nicht nur Experten und Journalisten, sondern eben auch Menschen, die aus ihrem Alltag berichten können.

LM: Zusammengefasst also ist für Sie eine gewisse Gegenleistung für die Gebühren schon ein Ziel, Feedback und eine Plattform.

BD: Ich würde es auch Verantwortung nennen. Wenn man Programm mit Gebühren finanziert, dann, denke ich, ist es die Verantwortung der Programmmacher, darauf zu achten, dass dieses Programm auch die Belange und die Bedürfnisse der Hörer möglichst stark berücksichtigt. Und das kann man besser, wenn man diesen Rückkanal nutzt, wenn man die Meinungen, die Standpunkte, die Wünsche und Wortmeldungen der Hörer – ob sie jetzt nun per Telefon oder per E-Mail oder per Post bei uns ankommen – auch mit berücksichtigt, soweit das möglich ist in der Programmplanung.

LM: Verfolgen Sie sonst noch weitere Ziele mit Hörerbeteiligung?

BD: Was natürlich auch zu Bayern 1 gehört, als Vollprogramm: der unterhaltende Aspekt. Wir haben natürlich auch bunte, leichte Themen im Programm. Wir haben Spiele im Programm, die wir mit den Hörern – entweder im Radio oder auch draußen im Sendegebiet bei Veranstaltungen – zusammen machen und auch da ist natürlich der Hörer zwingend notwendig und erwünscht, um das Ganze lebendig zu machen. Wir machen Call-Ins mit den Hörern – das müssen auch nicht immer schwere Themen sein – da haben wir auch viele bunte Sachen im Programm, die dem Hörer auch was zum Unterhaltungswert dieses Programms beitragen. Wir machen ja nicht nur reine Information, wir haben ja auch viel Musik und viele unterhaltende Geschichten im Programm. Und da ist es absolut eine Bereicherung auch den Hörer da mit einzubeziehen.

LM: Gibt es da besondere Festlegungen oder Richtlinien im Programm? Also sagen Sie: wir haben hier eine gewisse Struktur, zum Beispiel einmal stündlich sollen Hörer beteiligt werden oder das Spiel mit Hörern kommt immer zur selben Zeit.

BD: Nein, haben wir nicht. Allerdings tauchen bestimmte Inhalte im Programm tatsächlich regelmäßig auf und werden dann auch regelmäßig mit Hörern gestaltet. Um ein Beispiel zu nennen: wir haben einen

Bayern1-Koch, den Alexander Herrmann, der jede Woche im Programm ist und auch eine Gartenexpertin, mit der Karin Greiner, die regelmäßig, 14-tägig, bei Bayern 1 auftaucht. Und bei diesen Gelegenheiten haben die Hörer immer auch die Möglichkeit direkt Fragen an die Experten zu stellen. Das heißt also, da ist eine gewisse Regelmäßigkeit da, aber was die Aktualität an Inhalten ins Programm trägt, da legen wir nicht fest, dass so und so viele Hörer in der und der Frequenz jetzt im Programm auftauchen müssen, sondern wir machen es abhängig vom Thema und von der Art, wie wir das Thema versuchen im Programm umzusetzen.

LM: Nach welchen Kriterien wird denn ausgewählt – oder gibt es überhaupt Kriterien, die bestimmen – ob jetzt ein Thema mit Hörern aufgearbeitet wird oder ohne?

BD: Prinzipiell soll auf Bayern 1 der Hörer immer die Möglichkeit haben, sich zu Wort zu melden. Deswegen kommunizieren wir im Programm die kostenlose Nummer ins Bayern 1-Studio auch regelmäßig und wir nennen auch die E-Mail-Adresse ins Studio, wo man beim Moderator direkt eine E-Mail hinterlassen kann, damit der Hörer die Möglichkeit hat, sich ständig zu Wort zu melden. Das heißt aber natürlich nicht, dass wir jetzt alle fünf Minuten dann auch tatsächlich Stimmen der Hörer ins Programm nehmen könnten. Aber wenn interessante Sachen reinkommen – auch wenn es kein Call-In ist im klassischen Sinne – dann nehmen wir das immer wieder auf in die Moderationen auch, in die Darstellung des Themas. Also prinzipiell sind alle Themen offen für die Hörer, aber natürlich eignen sich einige Themen – je näher sie dran sind an der Lebenswirklichkeit, am Alltag der Hörer – besser als andere, um sie dann auch in Form von Off-Airs, in Form von E-Mail-Zitaten ins Programm einzubeziehen.

LM: Das ist also eine von Fall-zu-Fall-Entscheidung?

BD: Ja.

LM: In der Literatur liest man viel davon, dass vor allem früher Hörerbeteiligung eingeführt wurde, weil man die Hörer damit ans Programm binden wollte. Wie wichtig ist das heutzutage Ihrer Meinung nach, im Bezug auf Bayern 1 und warum?

BD: Ich denke, das ist schon eine wichtige Funktion, nachzuweisen mit Hörerbeteiligung, dass ein Programm wie Bayern 1 stark verwurzelt ist mit dem Sendegebiet, mit den Menschen, die hier leben und vor allen Dingen dieses Programm auch hören, nutzen. Man kann damit belegen, dass man nicht der unnahbare Programmmacher aus München ist, der sozusagen im Elfenbeinturm zusammenstellt, was man den Menschen da draußen im Lande heute wieder vorsetzt an Themen, sondern dass man diese Programmgestaltung nahe an den Bedürfnissen der Hörer ausrichtet. Wenn man das ernst nimmt, dann wird man zwangsläufig auch den Wert zu schätzen lernen, den es hat, wenn sich Hörer beteiligen, wenn sie sich auch mit Kritik beteiligen und die Kanäle, die man anbietet, auch intensiv nutzen.

LM: Für welche Wertung würden Sie sich in der Abstufung zwischen 1 und 6 entscheiden, was die Hörerbindung angeht?

BD: Ich würde auch da die Höchstwertung, die Nummer 6 „überaus wichtig" verwenden. Für uns macht die Beteiligung der Hörer und damit auch die Bindung des Programms gegenseitig – nicht nur Hörer ans Programm, sondern auch Programm an die Hörer – wirklich einen hohen Stellenwert aus.

LM: In meiner Analyse vom 15. Mai hatten Sie die höchste Beteiligung von Hörern in der Morgensendung. Das kann natürlich eine Momentaufnahme sein, ist ja vielleicht auch von Tag zu Tag unterschiedlich – ist das tatsächlich der Fall, dass das wirklich Zufall ist, oder platzieren Sie bewusst in der Morgensendung gerade viele Hörer?

BD: Das, glaube ich, ist kein Zufall. Wenn man da statistisch das Jahr anschauen würde, würde man vermutlich auch darauf kommen, dass der Morgen überdurchschnittlich stark Hörer beteiligt am Programm. Es ist ganz einfach so: Radio hat morgens die größte Reichweite. Wir erreichen um die 80% unserer Hörer, die wir am ganzen Tag mit Bayern 1 erreichen bereits in diesen ersten Stunden des Tages, wo sich einfach viele Menschen am Radio noch mal informieren: gab es noch mal was Neues, hat sich gestern diese Geschichte, die mich interessiert, noch irgendwie weiter entwickelt? Viele Themen ergeben sich ja aus dem Laufe des Vortages, am Abend oder auch am Morgen. Wir versuchen da dann auch diese

Themen, die Gesprächswert haben, die die Menschen möglicherweise auch mit in die Arbeit tragen, mit Arbeitskollegen oder morgens schon mit Familienmitgliedern am Frühstückstisch besprechen, verstärkt in der Frühsendung aufzugreifen und da eben auch den Rückkanal zu den Hörern zu nutzen.

LM: Aufgefallen ist mir bei Ihrem Programm auch, dass Sie als einziger der analysierten Sender Hörer nicht als Werbeträger gezielt einsetzen. Verzichten Sie darauf bewusst oder war das Zufall?

BD: Es gibt kein Tabu in der Programmgestaltung bei Bayern 1, Hörer mit einzubeziehen in die Positionierung des Senders oder in die Eigenpromotion. Das haben wir nicht. Wir haben das auch schon in der Vergangenheit immer mal wieder punktuell gemacht. Aber wir versuchen das sehr dosiert einzusetzen, weil wir glauben, dass da weniger mehr ist und man lieber wenige prägnante Aussagen nutzen sollte als jetzt das flächendeckend auf Bayern 1 über das ganze Jahr Stunde um Stunde einzusetzen. Wir versuchen mit diesen Elementen, die letzten Endes die Programmphilosophie von Bayern 1 nach draußen transportieren sollen – für welche Musik stehen wir, für welche Art von Inhalten stehen wir – diese Positionierungen sehr flexibel und sehr abwechslungsreich einzusetzen. Da können auch Hörer mit beteiligt sein, aber wir versuchen es abwechslungsreich zu benutzen, weil natürlich damit, wenn man es immer auf die gleiche Art und Weise tut, auch eine Form von Ermüdungseffekt einsetzt und auch eine gewisse Penetranz dann durch das Programm ausstrahlt. Immer dieselben Formulierungen, immer dieselbe Eigenwerbung oder auch Eigenlob – wie der Hörer in kritischen Mails dann auch manchmal bemerkt – das versuchen wir zu vermeiden mit dem möglichst flexiblen Umgang mit solchen Positionierungen.

Anlage 7: Transkription des Interviews mit Ulli Wenger (Chef vom Dienst, Bayern 3)

<u>Lucie Militzer (LM)</u>: Wie wichtig ist Ihrer Meinung nach Hörerbeteiligung bei Bayern 3 – diese Abstufung von 1 bis 6, für welche Ziffer würden Sie sich entscheiden?

<u>Ulli Wenger (UW)</u>: Ich würde so zwischen 5 und 6 tendieren – zwischen wichtig und überaus wichtig – sagen wir mal, wenn nur eine Ziffer geht, dann die 5.

<u>LM</u>: Warum?

<u>UW</u>: Weil uns natürlich als bayerischer Sender interessiert, was die bayerischen Hörer zu bestimmten Themen oder zu Entwicklungen zu sagen haben, wir sind ja ein Radio für die Hörer, wir sind ja Dienstleister am Hörer. Wenn wir die Hörer nicht hätten und wenn wir nicht wüssten, was unsere Hörer wollten, dann bräuchten wir ja kein Radio zu machen. Wir machen das Radio ja nicht für uns – für die Macher – sondern für den Kunden und das ist der Hörer. Deshalb muss der Hörer ernst genommen werden und deshalb legen wir natürlich auch auf seine Meinung großen Wert.

<u>LM</u>: Warum entscheiden Sie sich dann die Hörer auch direkt auf die Antenne zu nehmen statt sie einfach vielleicht off-air zu befragen?

<u>UW</u>: Es ist ja eine Mischung aus beidem. Man hat ja bei manchen Sachen auch Angst, dass jetzt irgendwelche Neonazis oder sonst was, wenn sie direkt live auf Sendung gehen würden, dann irgendwelche Parolen absenden – das will man ja vermeiden. Oder dass irgendjemand den Papst beschimpft oder so. Es ist ja nicht so, dass alles live auch live ist. Es ist ja durchaus Praxis, dass man einfach während die Musik läuft mit den Hörern redet, das mitschneidet und dann blitzschnell – da sind wir ja Weltmeister im schnellen Schneiden – so fertig schneidet, dass man es nach der Platte oder nach dem Double-Play einsetzen kann und es klingt dann so als ob es wirklich live-live wäre, dabei ist es sozusagen live-on-tape 30 Sekunden vorher aufgezeichnet. Das machen wir natürlich auch, um das Meinungsspektrum abzudecken, denn wenn Sie wirklich drei Hörer live hintereinander nehmen und sie haben alle drei die gleiche Meinung, dann ist es für den Hörer ja auch langweilig. Für den Hörer ist es ja wichtig, dass er verschiedene Standpunkte und verschiedene Meinungsspektren mitbekommt.

<u>LM</u>: Welche Ziele verfolgen Sie außerdem – außer dieser Meinungsverteilung onair mit der Hörerbeteiligung in Bayern 3?

<u>UW</u>: Na dass der Hörer sich nicht ausgeschlossen fühlt, sondern dass er auch wirklich am Programm aktiv mitarbeiten kann. Wir machen ja Radio für den Hörer und da muss der Hörer jederzeit die Möglichkeit haben – auch wenn wir mal falsch liegen oder wenn wir Fehler machen – uns darauf hinzuweisen: das ist aber falsch. Und da bin ich als Macher auch nicht anders als der normale Hörer – wenn mir ein Fehler auffällt, dann rufe ich meine Kollegen auch an: Leute, gerade habt ihr einen völligen Schwachsinn erzählt, bitte falls ihr das Thema noch mal behandelt, so ist es richtig und nun macht mal! Und das gleiche Recht hat der Hörer natürlich auch.

<u>LM</u>: Gibt es da besondere Festlegungen/Richtlinien in Bayern 3 im Programm, die den Einsatz von Hörerbeteiligung betreffen – Vorgaben?

<u>UW</u>: Eigentlich nicht. Das ist spontan. Ich weiß jetzt nicht worauf Sie abzielen.

<u>LM</u>: Sie sagen jetzt zum Beispiel nicht, einmal pro Stunde muss mindestens irgendwas mit Hörern kommen.

<u>UW</u>: Nein. Wir haben ja ein homogenes Programm, aber durchaus heterogene Schichten oder Sendestrecken. Gerade in der Früh zwischen 5 und 9 bei den Frühaufdrehern, die per se schon drei polarisierende Persönlichkeiten darstellen. Das muss ja sozusagen den Hörer auf den Plan rufen, wenn drei Leute mit unterschiedlichen Meinungen kommen, dann soll er seine Meinung auch dazu geben. Vormittags ist es eher eine serviceorientierte Strecke, wo die Leute dann zu einem bestimmten Thema sich äußern können.

Wenn wir da also irgendeinen Service-Talk mit einem Fachmann oder einem Professor und so weiter hatten – da ist es ja dann eher spezifisch. Da geht's jetzt nicht vielleicht gerade um ein vorherrschendes Meinungsbild, sondern ganz konkret um ein Beispiel. Die Strecke zwischen 12 und 13 Uhr – unser aktuelles Mittagsmagazin „Update" – da ist eher wenig Platz für Hörermeinung. Wenn wir da zu einem ganz aktuellen politischen Thema das haben wollen, dann legen wir dieses Thema meist auf kurz vor Eins, sodass die Christine Rose sagen kann: wenn Sie jetzt eine Meinung dazu haben, gleich Katja Wunderlich oder Susanne Rohrer, die drehen das Thema weiter zwischen 13 und 16 Uhr. Das ist so eine Talk-Fläche, wo also auch die Hörer gerne anrufen können. Das Gleiche gilt für die Strecke ab 16 Uhr – das „Extra" – also auch zu den Themen des Tages, wenn da den Leuten was einfällt, natürlich auch gerne. „Mensch Otto" unsere Talk-Schicht, da ist der Einsatz natürlich relativ bescheiden, weil das eine mehr oder weniger voraufgezeichnete Sendung ist, wo es ja auch darum geht wirklich zuzuhören. Da ist jetzt in dem Sinne keine Hörerbeteiligung vorgesehen. Die kommt dann erst wieder bei „Matuschke", der lebt ja sehr stark von den Hörern zwischen 20 und 22 Uhr. Und extrem ist es natürlich in der Nacht, weil da haben wir uns eine Programmphilosophie zu Eigen gemacht: wer schon in der Nacht zwischen 0 und 5 Uhr zuhört, der will ja nicht einschlafen, der muss ja wach sein. Der sitzt irgendwo im Krankenhaus, an der Uni-Pforte oder sonst wo oder fährt einen Einsatz, Polizei oder so – das heißt, die Leute wollen wach bleiben und die muss man dann auch ein bisschen am Einschlafen hindern und da ist es natürlich auch nett, wenn die Leute mit dem Moderator direkt in Kontakt treten können.

LM: Dann greifen wir doch der Frage vor, warum Sie eben gerade nachts die Hörer beteiligen. Das hat tatsächlich den interaktiven Wach-Bleib-Charakter?

UW: Ja. Wir sind ja der einzige bayerische Sender, der in der Nacht wirklich live sendet. Alle anderen – die Lokalsender, auch Antenne Bayern – da sind die Moderationen und alles voraufgezeichnet, werden vom Computer zwischen zwei Musiktiteln gefahren. Wir haben „Die Nacht" ja noch nicht so lange. Wir haben „Die Nacht" erst seit Januar 2008 und unser Ansatz war, dass wir wirklich in der Nacht dann auch da sind für die bayerischen Hörer. Wenn also gerade im Winter plötzlich überraschend die Schneekatastrophe über Bayern hereinbricht, dann waren wir die ersten 37 Jahre darauf angewiesen, dass die Kollegen von SWR 3 in Baden-Baden das vielleicht mitkriegen. Aber letztendlich ging das dann mehr oder weniger am Hörer vorbei. Da können wir jetzt selber reagieren und sofort dann die betroffenen LKW-Fahrer oder dergleichen aufmuntern. Oder bestes Beispiel war der Tod von Michael Jackson. Der passierte ja bekanntlich in der Nacht von Donnerstag auf Freitag. Und damals hatten wir auch noch die ARD-Nachtversorgung, das heißt wir hatten auch noch den Rest Deutschlands bei uns aufgeschaltet und da haben wir natürlich sofort reagiert, haben mit Los Angeles die ersten Interviews geführt, haben dann irgendwann auch schon einen Nachruf, der von den Kollegen aus Hollywood kam, gemacht, haben mit den Hörern geredet, haben natürlich das Musikprogramm komplett über den Haufen geschmissen. Und da haben wir dann den Kontrast gesehen – dass Antenne Bayern da natürlich sein voraufgezeichnetes Programm gemacht hat und 5 Stunden lang zwar in den Nachrichten gemeldet hat, dass Michael Jackson gestorben ist, dass aber ansonsten in der Fläche dieses Thema nicht stattfand. Und das fanden wir damals natürlich für uns ganz schön, das hat uns auch viel Lob eingebracht, auch daraus haben wir gelernt: das ist unsere Stärke, wir sind in der Nacht wirklich da, damit die Leute sich auch in der Nacht nicht allein gelassen fühlen und über das Aktuelle informiert sind – das passiert natürlich nur zwei-, dreimal im Jahr, solche Ereignisse, das wissen wir auch – aber ansonsten, die LKW-Fahrer, wer auch sonst unterwegs ist, die freuen sich, dass sie da mitmachen können. Das hält auch sie ein bisschen vom Eindösen am Lenkrad ab.

LM: Kann man aus Ihren Ausführungen schlussfolgern, dass Sie quasi die Nacht in Sachen Hörerbeteiligung am höchsten ansetzen, dann eher so den Nachmittag/Abend, dann die Morgensendung und ganz hinten die Sondersendungen?

UW: Nein, da würde ich jetzt keine qualitative Wertung machen. In der Nacht – ich bin in der Tat ein Schläfer in der Uhrzeit, ich krieg also diese Talks nicht immer mit. Ich gehe mal davon aus, dass das eher nette Talks sind, über das, was die Leute gerade bewegt. Tagsüber soll ja auch, sagen wir mal, substanziell, thematisch echte Meinung und Information und dergleichen rüberkommen. Ich sehe das in der Nacht eher so ein bisschen wie vielleicht die Kollegen von 1Live. Die haben ja mit Jürgen Domian da so eine psychologische Beratungssendung – das sind wir natürlich nicht, aber wenn Leute irgendwie Probleme haben oder wenn sie über was Nettes, Kleines reden wollen, dann machen wir das. Es ist so eine Mischung: a touch of Domian aber ansonsten ist es, glaub ich, locker flockig.

LM: Nach welchen Kriterien wird bei Ihnen ausgewählt – oder gibt es überhaupt dafür Kriterien – ob jetzt ein Thema mit Hörern besprochen wird oder nicht?

UW: Das ist sehr schwierig. Ich mach jetzt diesen Job 25 Jahre, 20 Jahre davon bei Bayern 3. Wenn wir bei unseren Sitzungen in der Redaktion vorher uns Gedanken machen: das ist ein Thema, wo wir davon ausgehen, dass es die Leute interessiert und dass sie sich melden werden, dann können wir in der Zwischenzeit sicher sein, dass sie sich dann dazu nicht melden. Also man muss auch daran denken, wenn man eine bestimmte Sache von den Hörern erwartet, darauf darf man sich nicht verlassen. Es ist manchmal so, dass dann irgendein belangloses Thema, das für uns aus Redakteurssicht, vielleicht auch schon durch ist – sagen wir mal G8 [Anm.: gemeint ist die Diskussion über ein achtjähriges Gymnasium in Bayern, also die Schulzeit bis zum Abitur von 13 auf 12 Jahre zu kürzen] oder so ein Dauerbrenner – jetzt wissen wir: sobald wir G8 machen, sind die Leitungen voll, die Leute reden. Und manchmal ist es so, beim Thema Maut, da scheint's den Leuten mittlerweile fast egal zu sein, die regen sich da nicht mehr so auf, weil sie sagen: das kommt ja eh nicht. Alle halbe Jahre kommt das Thema hoch, Herr Ramsauer geht damit in die Offensive, kriegt dafür eine Watsch'n von der Frau Merkel und das wissen die Leute inzwischen. Also manchmal sind wir überrascht, auf welche Themen die Hörer reagieren. Wir wissen aber, dass wir uns nicht darauf verlassen können, dass wir nicht so planen können: zu diesem Thema wollen wir jetzt eine Hörermeinung erzwingen. Das haut nicht hin. Da müssen wir immer flexibel reagieren, auf das, was der Hörer uns dann anbietet.

LM: Zusammenfassend lässt sich also sagen, dass Sie als Ziele formuliert haben, Ihre Hörer beraten zu wollen, sie zu begleiten und dass die Hörer eine gewisse Feedback-Funktion haben. Gibt es sonst noch Stichworte, die Ihnen beim Stichwort Ziele von Hörerbeteiligung einfallen?

UW: Wir haben natürlich noch diesen Wunschcharakter. Deshalb haben wir ja auch unsere Hörerwunschsendung am Samstagnachmittag 16 bis 20 Uhr, die „Greatest Hits", wo sich die Leute Musik wünschen können. Das ist natürlich auch ein gesammeltes Ventil für diese Hörerwünsche, weil Sie können sich vorstellen, dass die Hörer natürlich auch in der Woche öfter anrufen: „Ich hab gerade Ärger mit meinem Schatzi, ich würde ihm gerne sagen, dass es mir leid tut" und so weiter – wenn wir damit anfangen würden bei einem überregionalen Sender, dann kämen wir ja nicht mehr raus. Deshalb kanalisieren wir die ganzen Wünsche immer auf diese 16 bis 20 Uhr, die auch bewusst ein Kontrast sind zur ansonsten ja normalerweise stattfindenden Fußball-Bundesliga. Deshalb sind in dieser Sendung – das ist jetzt nicht empirisch nachgewiesen, aber vom Höreindruck – die Frauen stärker vertreten mit ihren Wünschen als die Männer, die zu der Zeit dann bei Bayern 1 die Schlusskonferenz hören oder später vielleicht schon die Sportschau gucken.

LM: Laut Literatur war bzw. ist die Hörerbindung für viele Sender ein großes Stichwort. Wie würden Sie das einschätzen – bitte stufen Sie wieder von 1 bis 6 ab und begründen Sie Ihre Entscheidung.

UW: Auch die 5, auch wichtig. Wir machen ja Radio in erster Linie, um die Hörer an uns zu binden. Wir versuchen über bestimmte Aktionen, dass die Hörer länger dabei bleiben, dass sie sich bei uns wohl fühlen – Stichwort Hörerverweildauer – das ist aber nicht nur eine Sache des Programms, sondern es ist auch viel eine Sache des Off-Air-Marketings. Also dass man Veranstaltungen macht, wo wir den Kontakt zu den Hörern finden, dass die Hörer zu uns kommen können, dass sie mit uns reden können. Wir machen sehr viele Führungen hier durch das Funkhaus, wo also ganze Besuchergruppen uns dann über die Schulter schauen können. Die sind dann immer total angetan, wie toll das bei uns ist und hätten sich gar nicht gedacht, dass da so ein großer Apparat dahinter steckt, der täglich dafür sorgt, dass das Programm am Laufen bleibt. Da legen wir sehr, sehr großen Wert drauf, denn wir Radiomacher, wenn wir irgendwo raus gehen, man wird auf bestimmte Sachen angesprochen, aber ansonsten – es ist manchmal ein Senden ins Nirwana. Man weiß ja sonst gar nicht: kommt das überhaupt an? Und deshalb sind für uns das Schönste auch diese ganzen Studiofeedbacks – gab es ja früher nicht – Studio-E-Mail. Das ist für uns ein ganz wichtiges Feedback-Instrument, damit wir sehen, liegen wir mit dem, was wir machen, richtig. Da kommen natürlich manchmal auch zu bestimmten Themen kritische Anmerkungen oder der sagt: „Dieser Moderator ist ja unmöglich, das geht doch nicht!" und so weiter. Das ist für uns wirklich ein toller Seismograf, um zu checken, wie unser Hörer tickt und was er von uns erwartet.

LM: Man nimmt da aber auch gern in Kauf, dass man das auch onair verbreiten kann, dass man eine gewisse Werbewirkung durch den Hörer hat, oder?

UW: Ja, würde doch, glaube ich, jeder machen, wenn da nette Geschichten rauskommen und die Leute zufrieden mit dem Produkt sind. Oder auch wenn Sie sagen: „Jetzt geht es mir langsam auf den Keks mit der Kuh Yvonne" [Anm.: gemeint ist das Tierorakel, das Bayern 3 während der Fußball-Europameisterschaft einsetzt] oder was auch immer – das muss man dann immer versuchen entsprechend abzubilden. Das ist ja das Meinungsspektrum, so wie es sich darstellt. Ich glaube, dass das bei einem öffentlich-rechtlichen Sender nicht ganz so extrem ist wie bei einem privaten, der denke ich vorwiegend nur versucht sich als Bestmöglicher und dergleichen darzustellen. Wir versuchen das einigermaßen ausgeglichen hinzukriegen als öffentlich-rechtlicher auch, sonst würden wir unsere Glaubwürdigkeit verlieren, wenn bei uns jetzt auch alles nur super-duper wäre.

LM: Bei Frage 7 ist es fraglich, inwieweit der Ausschnitt, der Tag, den ich analysiert habe, der Regelfall ist oder ob das am Analysetag zufällig der Fall war: dass nachts die Hörer vor allem indirekt beteiligt wurden – zitiert von Facebook-Kommentaren, von E-Mails etc. – und tagsüber eher per Telefon.

UW: Das hängt von der Situation ab. Diese Facebook-Geschichte – ist natürlich klar, wir sind vorwiegend mit den Frühaufdrehern bei Facebook und wir haben natürlich auch einen Bayern3-Account, aber das würde ich nicht auf die Nacht beschränken. Das ist wirklich eine Mischung aus allem und zwar rund um die Uhr. Das ist wirklich dann eher eine Zufallsaufnahme, dass Sie diesen Eindruck gewonnen haben.

Anlage 8: Transkription des Interviews mit Marcus Appel (Leitender Redakteur, Radio Bamberg)

<u>Lucie Militzer (LM)</u>: Wie wichtig ist Hörerbeteiligung im Programm von Radio Bamberg in der Abstufung zwischen 1 und 6?

<u>Marcus Appel (MA)</u>: Da würde ich sagen überaus wichtig. Eigentlich ist es überaus wichtig [Anm.: 6].

<u>LM</u>: Warum?

<u>MA</u>: Radio lebt davon. Also zum einen ist es unterhaltsam, wenn du Hörer on-air hast, es kann durchaus lustig sein mit Hörern on-air, es kann aber auch interessant sein. Du hast dein Lokalkolorit, weil du natürlich Viele zwangsläufig aus der Region hast – also aus Bamberg oder aus dem Landkreis – und du hast Infos von Hörer für Hörer.

<u>LM</u>: Was sind die Ziele, die Sie verfolgen, wenn Sie Hörer on-air nehmen? Sei es durch Telefonate, durch E-Mails, durch Straßenbefragungen und so weiter.

<u>MA</u>: Zum einen hast du Blitzer, Verkehr. Das sind ganz wichtige Elemente, die du im Programm hast, auf die man auch immer wieder als Radiomacher angesprochen wird von anderen Hörern, die sagen: ich krieg immer eure Infos mit, eure Blitzer. Also du hast die Information auf der einen Seite. Und auf der anderen Seite wird es ein bisschen schwieriger, wenn du emotionale Themen hast. Als Beispiel hatte ich mal das Thema Kampfhunde – an die Leine oder nicht an die Leine. Und wenn du sowas on-air machst und machst so ein Call-In, dann ist es natürlich sehr spannend, weil du sehr kontroverse Meinungen hast von Leuten und das macht ein Programm dann auch spannend. Zum Beispiel auch eine Sonderstunde, wo du irgendwas machst. Das macht das gesamte Programm deutlich runder, als wenn du so was nicht machen würdest, also keine Hörerbeteiligung hättest. Fazit wäre im Grunde, es ist eine Mitgestaltung des Programms durch die Hörer.

<u>LM</u>: Gibt es bestimmte Festlegungen oder Regeln bei Radio Bamberg, nach denen Hörer beteiligt werden müssen – zum Beispiel so und so oft oder in der und der Frequenz müssen Hörer on-air sein?

<u>MA</u>: Ich meine mich zu entsinnen, dass wir mal „zweimal die Stunde" gesagt hatten. Das hatte der Mischa Salzmann, unser Geschäftsführer, mal gesagt, aber das ist schon ewig her. Das ist auch jetzt keine strikte Regel, aber es sollte zumindest ansatzweise eingehalten werden, dass man zweimal die Stunde jemanden hat und wenn es nur ein kurzer Blitzer ist. Richtlinie des Weiteren: auf jeden Fall nicht zu lang. Du wirst dich mit keinem Hörer drei, vier, fünf Minuten on-air unterhalten, das ist ein No-Go. Wenn dann kurze Themen, kurze Sachen mit Hörern. Und keine Regeln gibt es eigentlich für das Aufzeichnen. Also ich zeichne lieber auf, wenn ich Sendung hab, da kann man nicht überrascht werden. Der andere mag es lieber live. Da besteht aber dann die Gefahr, dass der im Grunde auf die Nase fliegt, weil da entwickeln sich ja manchmal Gespräche, die man in die bestimmte Richtung gar nicht haben will.

<u>LM</u>: Im Vergleich schneidet Radio Bamberg mit 18 Beteiligungen in meiner Inhaltsanalyse schlechter ab, was die Häufigkeit von Hörerbeteiligung im Programm angeht – also ihr beteiligt auf den Tag verteilt weniger Leute als beispielsweise die großen, landesweiten Programme. Woran liegt das?

<u>MA</u>: 18 sind's bei uns? Ich rechne gerade mal hoch ... wir müssten ja 26 haben, wenn wir die Regeln einhalten würden. Das kann ich so nicht beantworten. Wenn man Vorgaben hätte, die bindend sind – siehe zwei Hörer in der Stunde – dann würde das wahrscheinlich umgesetzt werden. Also du brauchst auch jemanden, der das überprüft. Das ist bei uns nicht der Fall. Bei uns ist der Moderator verantwortlich für die Sendung und wenn der jetzt eine andere Programmgestaltung hat in der Stunde, wie auch immer, dann sind halt mal keine Hörer on-air. Und ich kenne das auch von meinen Sendungen. Da hast du zum Beispiel mal andere Schwerpunktthemen – Landesgartenschau ist ein Beispiel jetzt aktuell in Bamberg – und da hast du dann von mir aus mal keinen Hörer im Sinne on-air. Da kann es bei der Landesgartenschau so sein, dass man mal keine Gäste oder Touris da hat, sondern man den Beruf der Gärtner vorstellt. Da machst du eine Sonderstunde mit drei oder vier Takes, dann ist die Stunde voll inklusive Werbung und dann hast du aber in dem Moment mal keinen Hörer on-air.

LM: Vielleicht ist auch die Nacht ein Grund – im Mantelprogramm der BLR werden laut meiner Inhaltsanalyse kaum Hörer beteiligt. Wäre es wünschenswert, dass gerade im Mantelprogramm noch mehr Hörer zu Wort kommen?

MA: Das ist schwierig. Ich finde das zum Beispiel nicht relevant. Wenn man sich jetzt andere Sender hernimmt – zum Beispiel den BR [Anm.: Bayern 3]. Ab 20 Uhr abends ist zum Beispiel der Matuschke dran, Matthias Matuschik, das ist eine reine Personality-Show. Und die Leute hören abends Radio – hab ich früher auch getan, als Student beim SWR hab ich nachts immer „SWR3 Luna" gehört – ich hab das gehört wegen der Moderatoren, weil die einfach geil waren abends. Die Hörerbeteiligung finde ich tagsüber viel relevanter, während du die Zuhörer hast, als nach 19 Uhr, wenn im Grunde die meisten Leute vor dem Fernseher hocken. Also ich persönlich würde sagen, die BLR braucht das eigentlich gar nicht.

LM: Thematisch – gibt es da Themen, die sich besonders für Hörerbeteiligung eignen als andere bzw. gibt es da Kriterien, nach denen man bei der Auswahl vorgeht, welche Themen besser mit Hörern funktionieren als andere?

MA: Auch das ist ganz schwierig. Wir haben schon Dinge gehabt, wo wir vermutet haben, dass da jetzt ganz viele Leute anrufen, weil das wahnsinnig toll ist, nach unserem Empfinden. Und dann hat kein Schwein angerufen, auf gut Deutsch. Und dann gab es wieder Dinge, wo man gedacht hat: da rufen jetzt ganz wenige an, aber es war das Gegenteil der Fall. Wenn die Themen hoch emotional sind – zum Beispiel diese Kampfhunde – dann läuft so was eigentlich sehr gut. Was auch noch sehr gut läuft bei Hörerbeteiligungen sind ganz einfache Spiele. Ein Beispiel von mir: Filmszenen, also Kinoausschnitte, wo du nur eine Sequenz vorspielst und bei denen es nichts zu gewinnen gibt – also die Hörer bekommen nichts dafür, wenn sie anrufen und auch noch die richtige Lösung sagen. Da habe ich gemerkt, dass das eine Wahnsinnsresonanz ist. Für nichts. Das finde ich absolut faszinierend und das funktioniert immer. Stell den Leuten irgendein Rätsel, wo jeder, aber auch jeder, mitdenken kann oder auch mitmachen kann, dann wird sowas im Grunde spannend bei Hörerbeteiligung. Also bezogen auf irgendwelche Spiele oder so was.

LM: In der Literatur wird Hörerbeteiligung viel mit Hörerbindung gleichgesetzt. Viele Sender erhoffen sich durch Hörerbeteiligung mehr Hörerbindung. Wie groß ist Ihrer Meinung nach der Einfluss von Hörerbeteiligung auf die Hörerbindung in der Abstufung von 1 bis 6?

MA: Ich würde mal eine 5 geben. 4 oder 5. Ruhig eine 5.

LM: Warum?

MA: Leute, die sich selber im Radio hören, die on-air sind bei uns, die hast du immer wieder. Die ganzen Taxi-Fahrer, die Busfahrer, LKW-Fahrer, sonstige Leute, die unterwegs sind zur Arbeit – die haben irgendwann angefangen, vor fünf, sechs, sieben Jahren, bei uns mal anzurufen und die sind bis heute dabei. Klar, die gehen nachher heim oder gehen in die Arbeitsstätte und dann sagen die Kollegen: Mensch, ich hab dich heute Morgen schon wieder im Radio gehört. Das ist für die natürlich auch toll. Ich glaube, das macht schon was aus. Dasselbe ist mit Führungen im Funkhaus. Also ich sag ich den Leuten, wenn die reinkommen in den Sender und ich bin oben: wollt ihr mal schnell das Studio sehen. Weil wenn die mal so ein bisschen einen Eindruck haben von einem Studio und haben nicht nur einen Gewinn abgeholt, sondern dürfen auch mal beim Moderator reinschauen, das ist ja eine ganz andere Hausnummer. Das korreliert ja auch mit dieser Bindung wieder. Das ist zwar jetzt etwas anderes, sich so was mal anzuschauen, aber die Leute sagen: ich war bei ihm in diesem Radiosender. Und in einem halben Jahr schleppen sie ihre ganze Familie mit und die Nachbarschaft und machen dann eine Führung im Sender. Und dadurch bindest du auch diese Leute. Dann lernen die die Moderatoren mal kennen und das hat durchaus mit Hörerbindung zu tun.

L

Anlage 9: Transkription des Interviews mit Detlef Kapfinger (On Air Director, Radio Galaxy Bayern)

Lucie Militzer (LM): Wie wichtig ist Hörerbeteiligung im Mantelprogramm von Radio Galaxy? Bitte wählen Sie zwischen 1 und 6.

Detlef Kapfinger (DK): Da würde ich sagen überaus wichtig, 6.

LM: Warum?

DK: Weil wir ja auch Radio für die Hörer machen und deshalb die Hörer im Programm haben. Um einfach auch authentisches Radio für die Hörer zu machen.

LM: Welche Ziele gibt es für Sie, dass Sie Hörerbeteiligung nutzen und Hörer direkt am Programm beteiligen?

DK: Das ist das Ziel, dass wir so nah wie möglich am Hörer auch dran sind und dass wir mit den Hörern ein Programm für die Hörer machen. Und damit quasi auch mitten im Leben unserer Hörer stehen.

LM: Warum ist das wichtig, am Hörer dran zu sein?

DK: Damit uns möglichst viele hören. Damit sich der Hörer von uns angesprochen fühlt, damit er sich wiederfindet, damit er sich erkennt.

LM: Hörerbeteiligung hat also Ihrer Meinung nach auch viel mit Hörerbindung zu tun?

DK: Genau. Da stellt sich zunächst die Frage, was ist Hörerbeteiligung? Mit welchen Inhalten? Das ist ja wichtig. Ich hab jetzt da gerade eine ganz interessante Mail dazu bekommen. Das ist von einer Radiostation aus Dänemark, von einer neuen. „Klubben" heißt die. Und hier steht: „Klubben" ist ein revolutionärer Radiosender in Dänemark. Warum revolutionär? Weil alte Radioregeln und tief verwurzelte Marketingdogmen da umgestellt wurden. Und hier steht: Im Vergleich zu Stationen, die es immer nur behaupten, stellt „Klubben" den Hörer und dessen Leben, Erfahrungen und Erlebnisse wirklich in den Mittelpunkt. Also der Hörer steht im Mittelpunkt und nicht der Radiosender. Und da ist hier auch ein ganz guter Satz, da steht: Das Jinglepaket basiert auf 6 Songs, die sich alle um den Hörer und sein Leben drehen. Erlebnisse, Gefühle, wieder erkennbare Themen und warum? Und das ist jetzt eigentlich auch die Antwort, die ich geben könnte – warum ist Hörerbeteiligung so wichtig? Weil der Hörer schlichtweg kein Interesse am Sender hat, sondern an seinem eigenen Leben, den persönlichen Zielen, Glück und was der Sender für den Hörer bedeuten kann. Das finde ich eigentlich ganz gut. Den Hörer interessiert der Sender erstmal nicht. Er muss sich dort wiederfinden, er muss sich angesprochen fühlen und das ist das, was wir natürlich versuchen, mit der Themenansprache. Aber wenn wir selber die Menschen haben, in denen sich andere wieder finden on-air, dann ist das die Höreransprache. Das ist das Wichtige. Wir dürfen uns selber als Sender nicht so wichtig nehmen, als Sender selber, weil das dem Hörer eigentlich egal ist. Ein wichtiger Punkt ist ja auch die Qualität der Hörerbeteiligung. Also wenn jetzt eine Hörerin anruft, eine Jacqueline, und sagt: „das geheime Geräusch ist eine Tackermaschine", dann ist das eine Geschichte. Aber wenn jetzt ein Hörer auch seine Gefühle offen legt, egal in welche Richtung – ich rede jetzt nicht von irgendwie einer „Kai-Pflaume-Show" – aber wenn sich andere Hörer darin wieder finden, dann sind wir der Sender für den Hörer in dem Moment. Also Hörerbindung ist in dem Fall auch richtig. Letztendlich geht es uns ja um gute Zahlen. Was sind gute Zahlen? Das ist die Stundennettoreichweite. Das heißt, wir brauchen nicht nur viele Hörer, wir brauchen Hörer, die uns auch länger hören. Und wieso hören die uns so lange? Zum einen weil wir hoffen, dass wir ihnen die Musik geben, die ihnen gefällt, die Musik ist ja ein ganz wichtiger Punkt. Zum anderen dass sich der Hörer von uns auch angesprochen fühlt. Dieses One-to-one-Prinzip. Warum gibt es das? Weil wir eben die direkte Höreransprache wollen. Weil wir den Hörer auch lange haben wollen. Wir wollen sein Sender sein. Und letztendlich geht es dann um die Stundennettoreichweite. Und mit welchen Mitteln kriegen wir das, dass sich der Hörer direkt angesprochen fühlt – und da hat Hörerbeteiligung auch viel zu tun mit direkter Höreransprache. Das ist der Punkt.

LM: Gibt es da bei Radio Galaxy im Mantelprogramm irgendwelche besonderen Festlegungen oder Richtlinien, wovon vielleicht eine gewisse Frequenz oder Häufigkeit vom Einsatz von Hörerbeteiligung abhängt?

DK: Regeln gibt es nicht. Aber gerne so oft wie möglich. Deshalb natürlich „U – die interaktive Nachmittagssendung", wo wir eben schauen, dass wir Themen finden, jeden Tag, die unsere Hörer bewegen. Und das ist überhaupt der Punkt: was bewegt die Hörer? Direkte Höreransprache.

LM: Gibt es da gewisse Kriterien, nach denen man sagen kann, dass sich gewisse Themen mehr für Hörerbeteiligung eigenen als andere?

DK: Ein wichtiges Kriterium, wenn es um Call-Ins geht, um Meinungsäußerungen, wenn wir Hörerbeteiligung haben wollen – da sind Themen gefragt, die auch polarisieren. Ich bring da immer ein Beispiel, das geht immer: Fahren Frauen schlechter Auto als Männer? So ein Thema zieht natürlich unglaublich. Weil es polarisiert, weil es auch ein bisschen provokant ist – das ist mal ein Punkt, der bei uns mitspielt. Weil wir wollen ja, wenn wir jetzt ein Thema aufstellen für Call-Ins, dass die Leute auch anrufen und wir müssen sie ja auch hinter dem Ofen irgendwie hervorlocken. Die müssen ja bei uns anrufen, müssen sich äußern – da gehört ja schon was dazu – eine Aktivität, die wir da von unseren Hörern verlangen. Und dann muss der auf einer großen Bühne auch noch seine Meinung äußern. Und das tut er, wenn zwei Dinge erfüllt sind: zum einen, wenn dieses Thema eben polarisiert, wenn er sich bemüßigt fühlt, etwas dazu zu sagen, beizutragen und zum anderen, wenn es ihn halt auch trifft und bewegt.

LM: Sprechen wir über „U – die interaktive Nachmittagsshow". Warum haben Sie sich entschlossen, diese Mitmach-Show einzuführen?

DK: „U – gefragt bist du" ist ja so der Untertitel – also „U – gefragt bist du, die interaktive Nachmittagsshow bei Radio Galaxy". Dass wir da ein Thema aufstellen ist eine Geschichte. Aber wir haben natürlich auch Mails, wenn einer eine Tanzpartnerin sucht, das kommt dann alles in die Sendung rein. Und warum? Das kommt ein bisschen aus der Geschichte heraus von Galaxy. Uns gibt's ja jetzt seit 2000. Wir haben angefangen als DAB-Radio, wir waren ein voll-automatisierter Dance-Sender, ein voll-automatisiertes Programm – sprich: Musik, Jingles, Promos. Ohne eine Moderation. Dann war die allererste Sendung, die war aber vorproduziert, die „Radio-Galaxy-Charts", weil es zu einem Musiksender auch gut passt. Und dann die erste live moderierte Sendung, die es bei Galaxy gegeben hat, das war eben im Jahr 2000, war die Sendung „U – gefragt bist du". Und die gibt es immer noch. Und warum? Weil wir einen Gegenpunkt setzen wollten. Damals waren wir wirklich nur automatisiert – da kamen nur Musik, Jingles und Promos – und das ist ein bisschen Plastik-Radio. So Konserve, da kommt vielleicht ganz gute Mucke, aber der Sender lebt nicht. Und wie kann der Sender leben? Indem wir Leben reinbringen. Und zwar das Leben von Leuten. Was die erzählen – lebendiges Radio. Und deshalb haben wir gesagt: also wenn wir jetzt eine live moderierte Sendung machen, dann machen wir jetzt im Rahmen dieses 24 Stunden täglich anmutenden Plastik-Radios ohne Leben, da bringen wir Leben rein und nehmen eine Sendung rein, in der wir nicht auch noch über Musik reden, sondern in der wir mit unseren Hörern reden und möglichst viele Hörer da hinein bringen, um diesem Plastik-Radio entgegen zu wirken. Das war die Überlegung.

LM: Die für die Sendung „Galaxy p.m." zuständigen Kollegen aus Bamberg meinten, dass es für sie mit jugendlicher Zielgruppe schwieriger ist als für Sender mit älteren Hörern, Hörer zur Beteiligung zu bringen, weil Jugendliche eine größere Hemmschwelle haben, sich zu beteiligen. Haben Sie diese Erfahrung auch gemacht?

DK: Nein. Überhaupt nicht. Im Gegenteil. Es kommt darauf an, auf welchem Weg. Per Telefon, ja, das lässt ein bisschen nach. Aber die Bereitschaft, sich zu beteiligen, mit Internet, also Facebook, die ist ja gerade bei den Jüngeren viel, viel höher als bei den Älteren. Früher hat man Postkarten geschrieben, um sich am Gewinnspiel zu beteiligen. Jetzt bin ich sowieso am PC oder Smartphone und da mach ich da schnell mit. Jetzt kommt dann auch die erste offizielle Radio-Galaxy-App, da gibt es dann auch einen Button, da brauch ich nur drauf klicken, dann kann ich mich direkt auch in „U" beteiligen ohne großartig irgendwas zu machen. Unsere Shoutbox, die haben wir ja auch. Also die Bereitschaft sich zu beteiligen bei den Jungen – die Art und Weise ist eine andere, das stimmt, dass vielleicht die Anrufe etwas zurückgehen, wenn man das so sagen kann – aber sich zu beteiligen, Interaktivität ist ja ein riesen Thema – also das sehe ich anders als die Kollegen in Bamberg.

LM: Dann ist das möglicherweise eine zufällige Momentaufnahme in meiner Inhaltsanalyse, die ergeben hat, dass Sie mehr Hörer direkt als indirekt beteiligt haben?

DK: Das versuchen wir natürlich. Das ist gewollt. Wir machen ja Radio – ein Audio-Medium – das ist zwar schön, wenn wir erzählen: im Internet hat uns der Tom aus Bamberg ein wunderschönes Bild geschickt – aber viel schöner ist es für Radio, wenn ich den selber dran hab und der mir etwas erzählt. Wir machen ja nach wie vor Radio. Und es ist ja schöner, wenn der Hörer selber seine Geschichte erzählt, seine Meinung erzählt zu einem Thema, als dass der Moderator eine Mail vorliest. Deshalb schauen wir natürlich, auch aus den genannten Gründen, dass wir die Hörer selber on-air bringen. Was man aber schon feststellen muss: das geht vielleicht schon ein bisschen zurück. Dass man sagt: ich tipp jetzt einfach lieber schnell mit einem Smiley dazu, bevor ich da jetzt anrufe. Also dieser ganze SMS-Trend, Twitter, bloggen, Facebook, einfach schnell einen Kommentar hinterlassen – das macht man einfach schneller und lieber und einfacher als zu telefonieren. Das ist dann eher ein bisschen old-school. Aber weil wir ja Radio machen, wollen wir natürlich trotzdem, dass man die hört. Ich hab ja gesagt: wir wollen Hörer on-air haben, eben weil wir lebendiges Radio machen wollen für die Hörer, damit sie sich angesprochen fühlen.

LM: Trotzdem sind Sie in meiner Inhaltsanalyse unter den analysierten Sendern das Schlusslicht, was Hörerbeteiligung in absoluten Zahlen angeht…

DK: Das ist ja klar. Wir strahlen ja im Mantel die Morgensendung aus, 6 bis 10, und dann 12 bis 15 Uhr. Das ist klar, weil wir das Budget auch nicht haben. Die Strecke von 10 bis 12 ist ja automatisiert, im Mantel ist ja dann automatisiert von 15 bis 19 Uhr, was die in den Galaxy-Cities machen, da hab ich jetzt als bayernweiter Koordinator keinen Einfluss drauf, redaktionell – und dann von 19 Uhr abends bis morgens um 6 sind wir wieder automatisiert. Wir haben das Budget nicht. Da läuft ja quasi – früher haben wir gesagt – „das Band". Da können wir keine Hörerbeteiligung haben.

LM: Abschließend bitte ich Sie noch um eine Wertung – wie wichtig ist Hörerbeteiligung im Hinblick auf die Hörerbindung? Bitte entscheiden Sie sich wieder zwischen 1 und 6.

DK: Auch 6. Überaus wichtig.

Anlage 10: Schriftliches Interview mit Florian Wein (Moderator "U – die interaktive Nachmittagsshow", Radio Galaxy Bayern)

Lucie Militzer (LM): Wie wichtig ist Hörerbeteiligung in Ihrem Programm? Bitte stufen Sie ab von 1 bis 6!

Florian Wein (FW): 6

LM: Warum entscheiden Sie sich für diese Wertung?

FW: Die Hörerbeteiligung ist ein elementar wichtiges Element im Programm von Radio Galaxy. Nicht umsonst gibt es eine Sendung, die „U – die interaktive Nachmittagsshow" heißt. Dabei kommen Hörer zu jeweils aktuellen Themen aus Bayern oder der Welt zu Wort und können ihre Meinung mitteilen. So eine Sendung lebt vor allem durch die Hörer, die unterschiedlichste Meinungen und Standpunkte vertreten und so eine lebhafte Diskussion entstehen lassen. Der Moderator fungiert dabei auch als Verbindung zwischen den Standpunkten und gibt nur dezent auch seine eigene Meinung wieder. Radio Galaxy hat immer ein offenes Ohr für die Bedürfnisse und Belange der Hörer. Wir helfen bei Problemen, erfüllen Songwünsche und bringen sogar Liebespaare zusammen.

LM: Welche Ziele verfolgen Sie mit dem Einsatz von Hörerbeteiligung in Ihrem Programm?

FW: Jeder Hörer soll immer das Gefühl haben, ein Teil von Radio Galaxy sein. Wenn ihm irgendetwas nicht passt, das im Radio geredet wird, hat er sofort die Möglichkeit, seine eigene Meinung kund zu tun. Dadurch dass andere Hörer dann hören, dass andere „ganz normale Leute" anrufen und zu Wort kommen, fühlen sie sich selbst „angestachelt" um selbst mitzumachen. Wichtig ist dabei immer, ob der „Talk" mit dem Hörer in dem Moment auch für alle anderen interessant ist. Hat der eine provokative Meinung? Denkt der vielleicht genauso wie ich? Ist der Anrufer besonders süß oder witzig? Solche Hörer schaffen immer wieder „Hinhör-Momente". Hörer, die andere Hörer im Radio hören, drehen oft lauter und hören genauer hin (was Studien belegen). Durch viele Hörer im Programm steigt die Hördauer, die Sendung „lebt" mehr und es kommen nicht immer nur eintönige Meinungen über den „Äther". Der Hörer soll ein Teil des Programms sein und sich so auch fühlen.

LM: Gibt es besondere Festlegungen oder Richtlinien in Ihrem Programm, die den Einsatz von Hörerbeteiligung betreffen?

FW: Grundsätzlich können Hörer in jeder Sendung vorkommen (am Morgen, in „U", in den Wochenendsendungen). Sie können anrufen – unter der Studiohotline 0700 / 20 10 20 30 oder in „U" auch in der Shoutbox unter radiogalaxy.de schreiben. Gerne werden auch Mails über unsere Homepage vorgelesen. Auch Kommentare auf unserer Radio Galaxy Facebook Seite werden teilweise vorgelesen. Es können pro Sendung unbegrenzt viele Hörer eingesetzt werden. Es kann dabei um das aktuelle Thema gehen („U"), um Vermisstenmeldungen (Hund entlaufen), um Veranstaltungstipps der Hörer, um Grüße oder auch Songwünsche (eigene Sendung am Sonntag). Im Grunde kann der Hörer ebenso über all das mit uns reden, worüber der Moderator selbst in der Sendung spricht. Selten wird auch Feedback zur Sendung gesendet.

LM: Nach welchen Kriterien werden die Themen bestimmt, die in „U" mit den Hörern diskutiert werden?

FW: Der Moderator überlegt sich, welche Themen momentan aktuell sind, welche Dinge die Hörer beschäftigen, worüber vielleicht in Arbeit oder Schule geredet wird. In der Redaktionskonferenz vor der „U"-Sendung wird über die Vorschläge gesprochen und das Thema festgelegt. Dabei wird immer überlegt, ob das Thema genug Zugkraft hat, um die Hörer dazu zu bewegen auch anzurufen und sich zu beteiligen. Oftmals haben unsere Redakteure zu gewissen Themen selbst eine eigene Meinung und vertreten die in der Konferenz. Ein Thema über das da schon heftig diskutiert wird, kommt meistens auch bei den Hörern gut an.

LM: Wie wichtig ist Hörerbeteiligung speziell für die Bindung von Hörern an Ihr Programm? Bitte stufen Sie ab von 1 bis 6!

FW: 6

LM: Meine Inhaltsanalyse hat ergeben, dass Sie vorrangig auf direkte Beteiligung der Hörer setzen und kaum indirekte Beteiligung am analysierten Sendetag (15.05.2012) verwendet haben. Aus welchen Gründen setzen Sie trotz der Affinität von Jugendlichen zu Online-Medien vorrangig auf die direkte Beteiligungsform statt die indirekte (als indirekt gelten Zitate, die der Moderator von z.B. Emails von Hörern oder Facebook-Kommentaren vorträgt; direkt ist, wenn der Hörer selbst spricht)?

FW: Wenn der Hörer selbst zu hören ist, hat die Meinung, die er vertritt, noch ein deutlicheres Gewicht. Er kann dadurch viel besser seine eigene Emotion, sein Gefühl, seine Stimmung über dieses Thema transportieren. Dadurch hat der Moderator auch die Chance nachzuhaken und mit dem Hörer direkt zu reden. Auch für den Hörer ist es ein tolles Erlebnis live in der Sendung mit dem Moderator zu reden. Auch der Moderator hat dadurch die Chance die Hörer noch besser zu binden und allen anderen zu zeigen, dass jeder ein Teil der Sendung sein kann und dass (fast) alle Meinungen zu Wort kommen. Und für einen Hörer, der nur hört ist es immer interessanter andere Hörer zu hören, statt nur den Moderator zu hören, der eine Meinung vorliest.

LM: Gibt es bei „U" spezielle Vorgaben, was die Häufigkeit der Hörerbeteiligung angeht – also z.B. wie oft Hörer innerhalb einer Sendestunde direkt oder indirekt beteiligt werden sollen – oder hängt das von Fall zu Fall davon ab, wie viele sich gerade telefonisch melden oder im Internet Kommentare schreiben?

FW: Die Anzahl ist unbegrenzt. Es kommt eben auch darauf an, wie viele anrufen oder schreiben. Manchmal sind es mehr, manchmal weniger. Grundsätzlich versuchen wir alle Meinungen mit in die Sendung zu bekommen, aber dadurch, dass es auch andere Themen in der Sendung gibt, kann es dann auch knapp werden. Es gibt ein paar feste Rubriken („Albumcheck", „Daily Hubert"), die gespielt werden müssen – ansonsten sollten die Hörer so häufig wie möglich vorkommen.

Anlage 11: Transkription des Interviews mit Max Lotter (Programmleiter, Radio Galaxy Bamberg)

Lucie Militzer (LM): Wie wichtig ist Hörerbeteiligung im Programm von Radio Galaxy, gerade auch speziell für Galaxy p.m. – eine Sendung, die in den Bamberger Studios produziert wird?

Max Lotter (ML): Da hätte ich eine 5 vergeben, für wichtig.

LM: Warum?

ML: Wir glauben, das liegt vor allem an der jungen Zielgruppe bei uns. Die sind nicht so schnell zu motivieren, sich zu beteiligen, wie jetzt ein älterer Hörer, den du bei älteren Sendern hast. Erstmal glaube ich, dass das schon mal der Unterschied ist, dass bei uns eben eher Internetkanäle funktionieren als Telefon oder sowas und das ist natürlich deutlich schwieriger zu integrieren als wenn jetzt ein Hörer anruft. Außerdem ist das Meinungsbild unserer Zielgruppe auch deutlich unterschiedlich. Also ein 14-Jähriger sieht Dinge schon wieder anders als ein 16-Jähriger, als ein 18-Jähriger und als ein 20-Jähriger und deswegen ist es da natürlich auch irgendwie wichtig, dass wir da möglichst jeden Teil dieser Zielgruppe ein bisschen abbilden und das geht ja nur dadurch, dass wir dann auch Hörer mit ins Programm integrieren.

LM: Das ist quasi eine Abbildungsplattform von den Meinungen der Zielgruppe.

ML: Definitiv.

LM: Welche Ziele gibt es sonst noch, warum Sie Hörerbeteiligung einsetzen?

ML: Das klassische Meinungsbild einfach zu repräsentieren von Hörern. Also wenn wir jetzt Umfragen machen zum Beispiel in der Innenstadt oder so, das ist ja auch eine Art von Hörerbeteiligung.

LM: Gibt es Festlegungen/Richtlinien in Ihrem Programm, wonach Hörerbeteiligung eingesetzt wird – also zum Beispiel so und so oft müssen Hörer beteiligt werden?

ML: Nein, so etwas gibt es nicht. Wir haben jetzt keine festen Richtlinien, dass wir sagen, wir müssen täglich Hörer mit einbringen, zwingend. Das geht teilweise auch gar nicht, weil wenn man das zwanghaft macht, geht es irgendwie auch nach hinten los. Wir wissen halt nur aus Erfahrungen teilweise, dass bestimmte Themen besser funktionieren für Hörerbeteiligung als andere bzw. wir überlegen uns einfach, welches der Themen, die wir heute haben – wo könnten die Hörer am ehesten was dazu sagen und wo ist es vielleicht auch wichtig, dass sie was dazu sagen. Aber es gibt jetzt nicht so einen Katalog an Regeln oder Festlegungen, den wir durchgehen so Checklisten-artig, ob wir jetzt da eine Hörerbeteiligung machen oder nicht.

LM: Nach welchen Kriterien geht man da vor bei der Themenauswahl? Sie haben gerade angesprochen, dass das von Thema zu Thema unterschiedlich ist, aber gibt es da eine Art Leitfaden, wo man sagt: die Themen eignen sich prinzipiell besser?

ML: Auch das ist schwierig, auch da eigentlich nicht. Auch das ist letztendlich so ein Bauchgefühl letztendlich, wo man sagt: da könnte jemand was dazu sagen. Das ist halt genau das Problem letztendlich, wenn du in einer Redaktion sitzt, wo Leute zwischen 20 und 25 sitzen, dass du da eigentlich nur irgendwie vermuten kannst, wo jetzt vielleicht auch der 16-/14-Jährige was dazu sagen kann oder nicht. Oder auch viel dazu sagen kann, dass es auch als Meinung verwendet werden kann.

LM: In vielen Büchern wird davon geschrieben, dass für viele Sender die Hörerbindung ein Ziel von Hörerbeteiligung ist. Also dass man Hörer ins Programm mit einbezieht, um die, die zuhören, noch enger ans Programm zu binden. Bitte stufen Sie zwischen 1 und 6 ab, welchen Stellenwert die Hörerbeteiligung im Bezug auf die Hörerbindung hat.

ML: Überaus wichtig [Anm.: 6].

LM: Warum?

ML: Weil letztendlich ja die Hörerbindung auch ganz wichtig ist für die Umfragen, für die Befragungen für Hörerzahlen. Da spielt ja Hörerbindung letztendlich eine wichtige Rolle, weil du da gefragt wirst: was hast du in den letzten zwei Wochen gehört und so weiter und so fort und daraus ja die Hörerzahlen abgeleitet werden und dementsprechend die Bindung auch extrem wichtig ist für uns.

LM: Und das hängt Ihrer Meinung nach auch von der Hörerbeteiligung ab, wie sehr Hörer gebunden werden?

ML: Ja klar. Also wenn du jetzt Gewinnspiele irgendwie ziehst über mehrere Tage, dann ist es ja klar, dass du da versuchst, dass die Leute auch immer wieder einschalten. Wir haben das auch extra so gemacht – also früher hatten wir zum Beispiel Gewinnspiele, wo wir gesagt haben: registriert euch online bei uns und wir rufen euch zurück. Das haben wir aber dann relativ schnell aufgegeben, weil du damit keine Hörer bindest, weil die ja letztendlich nur einmal sich online registrieren müssen und das Programm dafür gar nicht hören müssen effektiv. Und das machen wir jetzt eben nicht mehr. Gewinnspiele finden nur noch so statt, dass die Leute wirklich das Programm gezielt einschalten müssen – mindestens einmal, vielleicht auch öfter – um teilnehmen zu können.

LM: Das ist auch irgendwie ein Hintergedanke, dass man sagt: die Hörer von Radio Galaxy lassen sich schon eher über online-Sachen einbinden – z.B. Facebook-Kommentare, Kommentare auf der Website, E-Mails – als jetzt direkt per Telefon.

ML: Ja, die Hemmschwelle bei einem 16- bis 18-Jährigen ist einfach deutlich größer, das Telefon in die Hand zu nehmen und anzurufen, als wenn man mal eben schnell über Facebook, wo man vielleicht eh die ganze Zeit drin ist oder das Handy zur Hand hat, einen Kommentar schreibt. Das ist halt auch irgendwie anonymer als jetzt anzurufen. Das war aber schon immer so. Also gerade auch als es den Facebook-Boom noch nicht gab – vor zwei, drei Jahren – haben wir auch viel mit dem SchülerVZ gearbeitet und das hat auch deutlich besser funktioniert als wenn man sagen würde: ruft an. Das funktioniert einfach nicht, das klappt nicht.

LM: In Bamberg können Sie ja „nur" einen gewissen Teil des Programms von Radio Galaxy mitbestimmen. Wäre es von eurer Seite her wünschenswert, dass im Mantelprogramm mehr Hörerbeteiligung vorkommt, als es momentan der Fall ist?

ML: Letztendlich spielt das Mantelprogramm für uns in Bamberg keine Rolle, ob sich die Hörer dort jetzt mehr beteiligen oder nicht – es ist weitestgehend unabhängig von uns. Ich finde allerdings, dass die Beteiligung an sich schon relativ groß ist im Mantelprogramm. Ich höre oft Hörer, wenn ich das Mantelprogramm höre. Natürlich kann Hörerbeteiligung nicht groß genug sein – umso mehr Hörer du on-air hast, umso geiler klingt das Ganze ja! Kommt auf den Moderator zwar drauf an, aber weniger sollte es auf keinen Fall sein.